从篝火到AI

窥见无垠的共同体

丁元竹◎著

清华大学出版社
北京

内 容 简 介

本书描述人类从孤立隔膜的原始共同体、乡村社区到互联网、人工智能基础上的共同体的历史变迁，对整个社会变化历程展开分析，旨在探索人类在时间和空间关系中的网络如何变迁。本书包括"空间与共同体""技术定义的共同体""共同体的理论逻辑""以技术为基础想象的共同体"四部分，基于历史和现实分析，进行了理论探索和理论建构，并在此基础上探索现代社会中的公共空间理论、虚拟空间理论以及人工智能理论对人类社会正在和即将带来的影响，对于这种超越现实与虚拟的社会结构特点以及治理方式提出了自己的见解。

图书在版编目（CIP）数据

从篝火到 AI：窥见无垠的共同体 / 丁元竹著 . -- 北京：清华大学出版社，2025.2.
（2025.6 重印）-- ISBN 978-7-302-68498-5

Ⅰ. C91

中国国家版本馆 CIP 数据核字第 2025S3P200 号

责任编辑：陈　健
封面设计：傅瑞学
责任校对：赵琳爽
责任印制：刘　菲

出版发行：清华大学出版社
　　　　　网　　址：https://www.tup.com.cn，https://www.wqxuetang.com
　　　　　地　　址：北京清华大学学研大厦 A 座　　邮　　编：100084
　　　　　社 总 机：010-83470000　　　　　　　　邮　　购：010-62786544
　　　　　投稿与读者服务：010-62776969，c-service@tup.tsinghua.edu.cn
　　　　　质量反馈：010-62772015，zhiliang@tup.tsinghua.edu.cn
印 装 者：涿州市般润文化传播有限公司
经　　销：全国新华书店
开　　本：160mm×230mm　　　印　　张：13.75　　　字　　数：206 千字
版　　次：2025 年 4 月第 1 版　　　　　　　　　印　　次：2025 年 6 月第 2 次印刷
定　　价：59.00 元

产品编号：105101-02

目 录

引言：方兴未艾的 AI 和人类星际探索

2023 年初，ChatGPT（Chat Generative Pre-trained Transformer）的兴起标志着人工智能技术的发展方兴未艾。同时太空探索也成为技术热点。对人工智能和太空技术未来的联想，引发了人们关于人类自身、地球起源、宇宙空间、新型文明等一系列重大问题的思考。

眼下，文明是一个热词。其实，纵观久远的历史，遥看无垠的星空，探寻未知的未来，文明不过是人与自然相处以及人与人相处的价值、规则、行为，表现为人类在其生活生产中的技能（如科学、技术等）、制度（如政治、经济、市场、生态环境制度等）、物质实体（如器皿、建筑等）和非物质实体（如非物质文化遗产等）。人与自然相处是在地球这个公共空间中，以共同体为单位发生的（少量发生在各国发射的国际空间站中的不同国籍和民族的宇航员代表着各自的国家在其中一道工作）。

探索星际世界的历史是各民族文明的重要组成部分。中国上古时期"嫦娥奔月"的神话传说，源自中华民族对星辰大海的求知渴望和浪漫想象。在世界各地，不同文明也基于对宇宙的观察和探索，编织出独特的星空叙事。在美索不达米亚文明中，巴比伦人作为天文学探索的先驱之一，将天文学研究与占星术紧密结合，系统地记录了行星的运动和日食观象，为天文学发展做出了重大贡献。古埃及人把他们的金字塔、神庙与特定的恒星和星座对齐，显示了这个民族对天文学的深刻理解。希腊天文学家对宇宙的探索也做出了自己的贡献，如提出日心说模型的阿里斯塔克斯（Aristarchus，前 315—前 230）和提出地心说模型的克罗狄斯·托勒密（Claudius Ptolemaeus，约 90—168）。他们的日心说和地心说模型为天文学奠定了重要的基础，他们对宇宙的哲学和数学方法的思考产生了西方天文学思想的大部分知识。古印度天文学家阿耶波多（Aryabhata，476—550）与瓦拉哈米希拉（Varahamihira，505—587）在宇宙认知领域贡献卓著，其研究涵盖日月食成因的阐释、地球球形说的提出，以及恒星与星座的系统性识别。中国古代天文学家的工作与占星术和占卜术紧密相连，并取得了显著进展。他们不仅是记录超新星事件的先驱者，还创建了详细的恒星编目系统。玛雅文明同样展示了其对天文学的深刻理解，这在其历法系统中得到了充分体现。玛雅天文学展示了高度的精确性，能够准确预测日食和月食，并对金星的周期有着深刻的理解。穆斯林天文学家则在希腊天文模型的基础上进行了实质性的改造，开发了复杂的天文台并改进了星盘。在世界各地的许多原住民文化中包含了丰富的天文学知识，例如，美洲原住民，特别是其祖先普韦布洛人（Pueblo）建造了与天体事件一致的精密结构；澳大利亚原住民也拥有复杂的天文学知识，这些都展现在他们的口头传统和岩石艺术中。纵观古代历史，对宇宙和恒星的探索不但是一种科学努力，且都与每种文化的精神和哲学信仰深深地交织在一起。这种科学与灵性的融合导致了跨越不同文明的丰富天文知识，构成了早期人类不同文明的不同内容。

与先人们对太空的哲学预见、科学假设、文学想象不同，对太空的真正探索正在把人类带入新的文明。在人类开启星际探索和进入 AI 广泛应用的时代，人们依然把共同体的理解局限在人类生活的特定空间和非空间的社会认同领域、社会学研究和人类学研究领域，这似乎已不合时宜。这样的认知方式限制了人们对自己生活的族群、人类社会的认知和理解。学科上的先定义对象，再构建学科体系、学术体系、话语体系的研究逻辑生成于工业时代人类的有限认知能力、认知方法，以及个体单兵作战或小团队学术分工。在 AI 从大语言模型向多功能多模态大模型转型的当代，哲学、人文科学、社会科学对于自己的研究对象、研究方式、研究评价等各种范式的认知和理解需要有新的思考。

事实上，自 2023 年初 ChatGPT 出现以来，人们关于生命的定义和解释增加了很多。或许通过脑机接口技术，如 Neuralink（埃隆·马斯克旗下的脑机接口企业神经连接公司），碳基生命和硅基生命将在某个阶段合拢，最终达到相互理解。"若能推广脑机接口技术，空间距离将不再是束缚。只要脑中想起，对方便能立即感知并迅速获得大量的信息。于是，书信、电话、邮件、聊天工具等再也没有存在的必要。"[1] 人类原先认识和理解的空间变化了。

还有，硅谷钢铁侠埃隆·马斯克（Elon Reeve Musk）旗下的 SpaceX 公司正在实施一系列星空探索计划，尤其是它的星舰试射举动、火星殖民计划唤起了人们对未来、对宇宙的一系列遐想。在时间上，它把人类在地球上的历史演化和发展进步拓展到了未来的星际。或许在不远的将来，人类的历史不仅是在地球上继续延续，也将延伸到星际；在空间上，人类的活动，或许还有硅基人类的活动将从家庭、村落、共同体拓展到地球以外，在星际之间建立起共同体，并创造漫游于星辰大海的新型文明。从宇宙的广阔视角俯视人类和人类历史，必定会有不同的感受、不同的认知。"来自宇宙的视角可以迫使你暂停反思生命的意义，以及维持生命和和平的价值。"[2] 人类正处在这种文明形态的前夜。人工智能技术应用和太空技术开发关乎人类想要为自己创造什么样的文明。此时此刻，中国学术界积极参与到这个具有划时代意义的进程中。18 世纪、19 世纪的第一次、第二次工业革命产生了有目共睹、划时代的科学家、思想家。每个重大历史转折时期，必定会产生伟大的科学家、思想家，时代塑造了他们，他们也将塑造时代。

1　本田和幸.埃隆·马斯克：脑机接口与人类永生 [M].孙律，译.杭州：浙江人民出版社，2023：170.

2　尼尔·德格拉斯·泰森.星际信使：宇宙视角下的人类文明 [M].高爽，译.北京：中信出版社，2023：25.

　　眼下，尽管萨姆·奥尔特曼（Sam Altman）和埃隆·马斯克的探索已经走在了前列，但世界各国的科学技术人员对人工智能和星际探索的步伐都没有停下来，共同探索人类未来和广袤的宇宙是地球人类共同的梦想、愿望和责任，期待通过更密切的国际合作实现人类对遨游太空、建立星际共同体和人类新型文明形态的孜孜以求的理想。

　　从太空看地球，从宇宙看人类，应该有别样的认知、别样的感受。哲学、人文社会科学学者需要换一个视角来审视自己一直以来的研究对象。

第一部分
空间与共同体

空间视角下的人类

人类塑造的空间和空间塑造的人类

这里先从人们对空间的理解和认知谈起。空间的起源如同时间的起源一样，是个复杂且有挑战性的问题。数千年来，它一直吸引着哲学家、科学家、宇宙学家进行思考和探索。古希腊哲学家亚里士多德（Aristotle，前384—前322）认为，空间是宇宙的一个基本方面，它不是独立起源和存在的东西，是无限的、连续的、广阔的、永恒的存在。法国哲学家和数学家勒内·笛卡尔（René Descartes，1596—1650）提出了自己对空间的理解，即空间是一个三维的数学坐标系。在他看来，空间是定位宇宙中物体的基本坐标，没有自己的独立起源。哲学家伊曼纽尔·康德（Immanuel Kant，1724—1804）认为，空间和时间一样，是人类直觉的先验形式，是组织人类感官体验所必需的要素。根据他的观点，空间是人类感知的基本要素之一，但他没有从广袤的宇宙背景的起源解释空间。阿尔伯特·爱因斯坦（Albert Einstein，1879—1955）的广义相对论彻底改变了人类对空间和引力的认知，根据他的理论，空间和时间相互联系，形成四维时空。根据广义相对论，空间和时间受物质和能量影响。虽然爱因斯坦描述了空间行为方式，但他对空间起源提出了自己的理论解释。宇宙学通过各种模型描述了宇宙的大尺度结构及其演化过程。根据大爆炸理论，空间起源于138亿年前的大爆炸。在宇宙大爆炸之前，它非常炽热和致密，人类现在所感知的空间并不存在。量子宇宙学的一些理论试图通过把量子力学与引力理论结合描述宇宙的起源及其时空结构。这些模型探索了空间在量子涨落或其他基本过程中形成的可能性。暴胀宇宙学的暴胀模型指出，宇宙大爆炸后不久便经历了快速和指数级膨胀。这一理论对解释宇宙的大尺度结构和空间本身在这个膨胀阶段的发展有一定的解释力。有的宇宙学模型提出，实际上存在多元宇宙，其中人类所知的宇宙只是拥有不同物理性质的众多宇宙之一。根据这类模型，空间在不同的宇宙中有各自的起源或属性，这使空间和时间成为复杂而多方面的概念。弦理论（string theory），理论物理的一个分支学科，认为宇宙的基本组成部分是微小振动的弦。根据弦理论，空间和维度呈现不同形式和配置。到目前为止，空间起源仍是一个正在探索和辩论的话题，仍然是哲学和科学探究的焦点。

就目前人类的认识水平和人们的共识，人类是生活在三维空间的，也以三维空间的视角认识世界，认识自己。

空间对于人类有多重意义，可以从多个视角理解。人类居住和生活的地方、人类的基本环境，包括住宅、院落、小区、周边休闲娱乐场所等，在当代社会，人们称之为共同体，这是人类自己创造的私人和公共空间。私密、舒适、温馨、开阔、安全、有序的空间环境对个体、家庭、群体的身心健康、生活质量、社会福祉是十分必要的条件。当然，在不同历史时期和不同生产力发展阶段，人们会定义出不同的私人和公共空间，从而产生不同的获得感、幸福感、安全感，亦即社会福祉或生活品质。人类空间是社会互动的场所，人类自产生以来，社会成员之间的互动都发生在一定的区位上，在特定区位上形成一定的社会联系。社会联系遵循着社会规范，社会学家、人类学家将其称为人文区位，在这个意义上，人类空间承载着人际关系、文化延续、社会继替。文化在不同的空间环境中生成、传播，并表达了不同的文化类型、人生观、价值观，铸造着不同的社会关系模式。人类的工作和创造力发挥需要适宜的空间。办公室、工作室、实验室、会议室等工作场所的设计对提升工作效率和创新能力意义非凡。在移动互联网广泛应用的时代，咖啡厅成为年轻人喜爱的工作空间。现代企业的工作环境融入了生活要素，诸如咖啡厅、聊天室、母婴室、运动设施等，它们提供了人们交互的机会，增加了人们的思想碰撞，形成了创新的沃土。空间也是人类寄托精神和培养情感的场所，空间影响着人的情感和精神状态。美丽的自然风光、田园景观、文化遗址、艺术空间可以激发人们的情感，启发人们思考，提供精神滋养，放松心情，激发灵感，良好的空间环境使人们遐想无限，思绪无限。思想生成需要一定的空间。在当代，空间是生态环境保护和可持续发展的重要领域。空间规划、空间管理、环境保护与可持续发展息息相关。合理的城市规划、土地利用模式可以改善生态环境，减少环境污染，提升资源的可持续利用水平，是人类永续发展的基础条件。各个国家在经济发展到一定阶段时都会把环境生态空间、公共空间管理提上议程，为人们提供舒适、便利、温馨的空间。空间是科学研究和技术发展的场所和平台。眼下，人类已经把科学研究、技术发明的空间拓展到了太空，在太空建立了空间站、太空实验室、太空望远镜等。为了改善自身福祉，人类进入太空开展科学实验，内容涉及最佳营养配置、微重力带来的风险研究等，预测、评估和解决人类在太空中可能遇到的问题。并从太空看地球、看人类，进而从新的视角审视人类，探寻人类的过去、现在和未来。在太空，人类看到了别样的自己。空间是政治和社会权力象征的场所。某些空间，如政府办公场所、国会（或议会等）大厦、皇宫、广场、政治人物居住场所、具有象征意义的纪念碑等，代表着一定国家和一定历史阶段的政治事件、社会权力，通常有着特殊的政治和文化意义，它们在人们的内心世界形成对法律、权威、秩序、规范、历史的想象、认知、反思、回味、遵从。这些权力和政治的象征，在更大社会范围内塑造着社会秩序空间。总之，人类生活在各种各样的空间中，空间展示出多重意义，它既具有物理内涵，也具有社会、文化、情感、心理和环境等多个层面的意义。

通过规划、设计和管理空间，人类创造更好的生活品质，促进文化传承，建立社会关系，支持科学发现和技术创新，保护生态环境，维护社会秩序，实现永续发展。

　　空间与人类移徙以多种方式关联着。空间的可用性及其结构对人类移徙模式产生重大影响，而移徙反过来又影响人类空间的使用和人口布局。人口迁移受到空间限制，空间的可用性影响着迁移模式。例如，在人口稠密的城市地区，住房昂贵、供不应求，导致一些人从城市中心迁移出去；而另一些人则以昂贵的价格购买下来，迁移并居住进来。有钱人进入并开发城市中心，把那些原先住在那里、没有钱的人赶走了。这些地方成为有钱人的居住区域，高档住宅、空中花园、独院别墅等。与此同时，人口密度较低的地区会为那些寻求就业机会的人提供更多空间，如城镇边缘、城乡接合部等。人口迁徙推动了城市化，城市和大都市地区因其巨大聚集效应吸引许多人前来寻求就业机会、教育机会、公共服务机会。在某些情况下，这种迁移会导致中心城区过度拥挤，对服务的需求持续增加，社会规范发生改变。移民通常通过政治或社会运动争取对特定空间的权利。在这样的环境下，冲突、战争时有发生。拆迁也会引发社会冲突。空间可以成为移民谈判和解决冲突的手段，可以为特定人口指定区域，例如移民飞地或共同体，作为满足特定文化或语言需求的一种方式。互联网出现之后，在网络空间也存在类似现象，"当大平台变得更大，那些无法满足成熟科技和更多受众等需求的网络社群就被抛下了"[1]，成为被互联网辜负的人。气候变化、环境因素导致人口流动、环境移民。那些生活在干旱、海平面上升、恶劣天气事件频发地区的人们不得不迁移，转向寻求安全或获得更多资源的空间，人类历史上的种种变迁与之密切相关。地区资源短缺、气候变化、生物多样性、臭氧层破坏，以及战争威胁是人类探索宇宙空间的重要动因。

1　杰西·林格尔.被互联网辜负的人：互联网的士绅化如何塑造了数字不正义 [M].冯诺,译.杭州：浙江人民出版社，2023：29.

迁移模式和空间分布相互关联，一旦埃隆·马斯克的星舰发射成功，并拟实现殖民火星计划，人类的空间将拓展到遥远的星际，外星将成为人类的栖息空间，人类将建立起星际共同体。埃隆·马斯克把火星计划称为"火星殖民"很是耐人寻味，它的英文名字是"Mars Colonial"，埃隆·马斯克开发的运载工具的非正式名称是"Mars Colonial Transporter"。这使人想起北美洲的早期移民和"五月花"（May Flower），那艘运载一批分离派清教徒到北美建立普利茅斯（Plymouth）殖民地和在该船上制定《五月花号公约》（*May flower Compact*）的人们，作为普利茅斯移民社会发展的标志而载入史册。"马斯克在 2002 年启动 SpaceX 时，他的设想是要致力于完成人类前往火星的事业。除每周召开关于发动机和火箭设计的技术会议，他还会召开一场非常另类的会议，名叫'火星殖民者'。在会上，他畅想着火星殖民地会是什么样，想象着应该怎样管理它。"[1] 回顾普利茅斯移民社会和《五月花号公约》，品味埃隆·马斯克的"火星殖民"计划，或许可以理解为人类正在探索和创造一种新的文明形态，就像埃隆·马斯克经常挂在嘴边的，火星探索是寻找新的文明形态。

实体空间中的日常生产生活

十多年前，作者在民族地区考察时参观了一个当地民族部落发源地，一个坐落在半山腰的巨大山洞。先人们曾经居住在这个山洞里，墙壁上有他们留下的绘画，地上有他们当年烤火设施的遗迹。往山洞深处探望，我试图复盘当年的情景：早期的人们聚集在温暖的、噼啪作响的篝火旁；洞穴粗糙的岩壁在火光中闪亮；一群人穿着简单缝制的兽皮外衣，围着火堆，或坐或站，进行着各种活动。一个人小心翼翼地在火上翻着一块肉，大声说：

1　沃尔特·艾萨克森. 埃隆·马斯克传 [M]. 孙思远，刘家琦，译. 北京：中信出版社，2023：304.

"看，今晚这将是一顿美餐！"他们的邻居，熟练地雕刻着一块木头，微笑着回答说："是的，加上你的烹饪技术，那会更好！"附近，孩子们在玩耍，他们的笑声在山洞里回荡。一个孩子兴奋地指着外面问："你认为星空里住着灵魂吗？"一位长者盘腿坐着编织篮子，若有所思地回答："也许吧，孩子。星空里充满了神秘。"自古以来人类就对星空充满了无限的想象。在另一个角落里，一个讲故事的人吸引了一群人的注意力，他叙述道："然后，那只巨大的野兽站了起来，和树一样高！"听众们倒吸了一口凉气，倾身向前，他们的脸上混杂着恐惧、迷茫、着迷。围着火堆，人们的谈话融入了和谐的嗡嗡声——谈论当天的狩猎经历、第二天的觅食计划，分享祖先和神灵的故事。他们的共同体意识很强，分享着故事和集体生活，他们主宰着自己的洞穴，遥望着远在天际的星星。这是人类较早的生活空间、公共空间，以及他们想象的星际空间。后来，他们走出了山洞，进入森林、草原、农地。生活在西亚美索不达米亚周围地区的居民驯化了野生麦类，开始种植小麦、大麦，开展农耕生产，维持族群生计，推动社会进步。中国在内的东亚、东南亚也发展了自己的农耕文化。在黄河流域，祖先们培育小麦。长江以南至东南亚、印度恒河一带，人们培育水稻。在美洲，墨西哥人开启了玉米种植等。进入农耕时代的人类，在农耕生产方式基础上建立了农业社会，构建了人类社会的早期形态。这些是发生在不同时间和空间中的人类社会行为和社会形态。

　　人们的日常公共空间在历史演进中不断发生着重大变化，尽管不同社会、不同时期也会有不同形式的公共空间。不过，可以看到一些共同特征和基本形式。如物理特征、大小和规模，公共空间小到街角、广场，大到城市公园或熙熙攘攘的集市。鉴于建筑多样性，公共空间设计和建设受到流行的建筑风格和社会文化影响，各个民族展示了自己不同的建筑风格。鉴于可达性，公共空间设计和建设通常要考虑便利性，能够使包括残障人士在内的各类人群使用，在交通和距离上都有充分的考虑。鉴于空间的功能和用途，公共空间通常是社会交往、文化活动和共同体活动的聚集地。对于娱乐，公园、操场和运动场为野餐、运动和休闲散步等娱乐活动提供了场所。对于商业贸易，集市和商业街是经济活动（包括商品买卖）的重要公共空间。对于公共事务和公共活动，公共广场和政府大楼通常是表达意见和建议、集会，以及公共会议等市民活动的中心。空间存在文化和社会的差异，不同历史时期的公共空间反映了各自的时代的价值观、技术水平和社会结构，如古希腊广场、罗马广场和中世纪城镇广场都在各自时代发挥了独特的文化社会功能。就文化意义而言，公共空间具有文化和宗教意义。在一些社会中，寺庙或宗教纪念碑位于公共空间，而在另一些社会中则可能设有纪念历史人物或事件的雕像或纪念碑。公共空间的使用受社会规范和习俗的影响：一些社会强调公共礼仪，另一些社会的态度较为宽松。随着城市化的进展，公共空间成为提供呼吸新鲜空气和休闲的必要场所。现代城市规划通常把公园、步行区、广场、丛林小道纳入设计和建设。技术的融入改变了人们使用公共空间的方式。无线网络、充电站和数字显示屏在公共场所越来越常见，大型广场的电子屏幕在傍晚播放电影、新闻等，吸引了不少市民、游客，成为人们休闲娱乐的场所。人们越来越重视公共空间的可持续发展和环保设计，包括使用可再生材料、绿色基础设施和节能照明设备。鉴于空间的公共艺术与表达，许多公共空间具有雕塑、壁画和其他形式的艺术作品，以展示所在地区的文化、历史。在很多情况下，文化和娱乐、休闲和社交结合在一起。露天剧场和露天舞台是举办音乐会、戏剧表演和其他艺术活动的场所。公共空间通常是言论表达和政治表达的平台，如前所述，古罗马的街头就具有这样的功能。人们的日常公共空间是动态多功能区域，反映了社会文化、历史、价值观、审美观等。它们随着时间推移而变迁，适应着不断变化的社会需求、技术进步和城市化趋势。了解公共空间的特点和演化，为了解不同社会和历史时期的社会和文化提供了有价值的视角。

　　个人和家庭住所是私人空间，具有多样化特征，在不同社会和历史时期具有很大的不同，私密性是其基本特征。这些特征受文化、环境、可用资源和技术水平等因素影响。传统住宅与现代住宅的建筑风格各不相同，既有世代相传的传统设计，也有受时代潮流影响的现代创新结构。住宅反映着社会文化特征。日本传统住宅的特点是推拉纸门和榻榻米地板，欧洲传统住宅则有陡峭的屋顶和华丽的外墙。单个住宅大小不一，有的住宅小而紧凑，有的住宅则大而宽敞。这种差异取决于可用土地、人口密度和经济繁荣程度等。住宅的布局包括单户住宅、多户结构、公寓或共同居住，如共同住房或共享生活空间。建筑材料的选择受制于当地环境和可用资源。传统材料包括木材、石材、黏土和茅草，而现代住宅通常使用混凝土、钢材和玻璃。经济社会发展决定建筑技术演变，即从木结构和土坯结构等传统方法过渡到钢筋混凝土和钢结构等更现代的方法。房屋设计必须考虑当地气候条件。在寒冷的气候条件下，房屋需具有隔热和供暖功能；在炎热的气候条件下，房屋需具有遮阳和自然通风功能。现代人对可持续发展的关注引出环保型住宅设计，包括太阳能电池板、绿色屋顶以及供暖和制冷系统。住宅的大小和布局受到家庭结构的影响。在一些社会中，大家庭共同居住在同一所住宅中，在另一些社会，核心家庭则拥有各自独立的住宅。对于多代同堂，一些社会鼓励多代同堂的居住安排，以促进更紧密的家庭联系，为长辈和年幼子女提供社会支持。现代家庭越来越多地将技术或设备融入日常生活，智能家居系统、节能电器和家庭自动化日趋融入人们的生活，未来人们期待具有多模态功能的人形机器人陪伴他们。互联网和电信基础设施的迅速发展对家居设计产生了重大影响，用于远程工作或学习的专用空间变得越来越重要，宽带网络是现代生活的必备家庭设施。经济差距导致住宅质量和面积的差异，一些个人或家庭住在豪宅中，而另一些个人或家庭可能住在简陋的公寓甚至非正规住宅区中。室内装饰和家具因文化偏好和审美观而异，不同社会通常优先考虑特定元素，如宗教圣像、传家宝或艺术品。家庭仪式与住宅相关的文化习俗和仪式有时会结合起来，如宗教仪式、节日庆祝活动和日常例行活动，以形成个人住宅的特色。总之，个人或家庭住宅所形成的私人空间是由复杂的文化、历史、经济和环境因素相互作用形成的。这些特征随着社会的发展而不断演变，并持续反映出居住在其中的人们的世界观、人生观、价值观、审美观等需求的变化。不同社会和历史时期住宅特征的多样性反映了人类文化和文明的复杂多样、丰富多彩。

双重公共空间中的生产生活

20 世纪下半叶，互联网把人类带入了虚拟空间。实体和网络可以视为人类生产生活的双重公共空间。这里以现代购物中心和智能手机为例看现代社会的人类关系网络及其空间形式，尽管购物中心和智能手机不能完全代表现代社会的人类空间形态。从农业社会向工业社会转变，人类生活的空间结构确实发生了深刻变化，从以第一次工业革命开始的乡村人口向城市转移，到第二次工业革命人口借助火车、飞机在世界范围内流动，地球开始成为一个整体，文明加速互鉴。工业革命之前，人类文明互鉴、族群之间互动几乎都是在实体空间中进行的，而发生在 20 世纪 50 年代的电子技术革命开启了人类生活的新的空间形式。

就现代社会而言，可以从大型购物中心和智能手机展开对双重公共空间概念的阐释，从而在更加具体的层面把握时代巨变。

从 21 世纪初起，随着信息产业在全球范围内的迅速发展，中国借助后发优势，在信息技术的广泛应用中走在了世界前列，出现了一大批互联网平台企业。平台的基本功能是连接需方与供方，在大数据基础上进行资源、供需精准匹配。在这样的产业结构下，农村不可能吸纳大量劳动力就业。人口的适度集中和在乡村地区发展农业以外的其他产业是安排劳动力的主要选择，基于中国的人口规模、自然禀赋和空间结构等约束因素判断，中国进入了城市化后期。

在工业革命和大城市兴起之前，贸易发展呈现出的特点是：各种交易通常发生在当地市场或较小的定居点，易货贸易很普遍。在易货系统中，商品和服务交易通常是非标准化货币的，即可直接物物交换。农民可以用农作物与铁匠进行工具交换。各地区建设的贸易路线把不同的共同体连接起来，在此基础上形成更远距离的商品交换。通常，这些贸易路线沿着河流或人迹罕至的小路等自然地貌开辟出来，中国历史上就有茶马古道，其道路之艰险、路途之遥远、生活之艰辛，非现代人所能想象。集镇作为贸易中心，吸引着周边地区的商人和贸易商。集市是定期举行活动的地方，有的慢慢成为人口定居的城镇，这些城镇在集市日成为经济和社会活动的中心，如历史上作为茶马古道中间站的藏区的打箭炉（今康定）。行会是由有着共同利益的手工业者或商人组成的协会，在规范和促进贸易方面发挥着重要作用。随着专业化手工业的发展，个人开始专注于某一特定技能或服务于特定行业，推动整个经济生态系统向专业化方向发展。贸易不仅促进了商品交换，还促进了文化互动、社会交往。思想、技术、艺术等沿着贸易路线得以交流共享交融。在没有通用货币的情况下，信用体系和信任在交易中发挥着重要作用。声誉和个人关系是建立贸易商之间相互信任的制度和价值基础。货物运输在陆路上依赖牲畜、马车，在海路上依赖风力或以桨为动力的船只。与现代交通工具比较，早期交通方式限制了贸易的规模和速度。那个时期的贸易通常由地方当局或统治者来监管，由他们来维护社会秩序和公平交易。地方当局或统治者对经过自己辖区的货物进行征税。宗教信仰和文化规范对贸易行为产生着深刻影响，有些商品被视为神圣物品或具有特定的礼仪象征。除定期集市外，特殊的集市日和节日成为大规模贸易和社交聚会的场合。在工业革命前，贸易大多发生在地方的某个聚集点和区域内部，依赖于易货贸易、信誉系统、集镇等，文化和宗教影响在贸易活动中发挥着不可或缺的作用。这些互动方式为随后发展起来的、更加复杂、相互关联的贸易网络奠定了基础。这里，聚集效应和信息网络十分重要，"类聚的一个重要功能就是节约买家的信息费用"[1]。"在经济学的视角下，谁拥有的信息多，谁就是强者，谁拥有的信息少，谁就是弱者。"[2]

在工业革命后，购物中心开始建立。购物中心始建于 20 世纪 20 年代的美国，建筑呈现带状，通常的情景是：在中央停车场周边建设一系列商店。这个时期的购物设施有两种类型：郊区的露天购物中心和城市的百货大楼。百货大楼多是高层建筑，类似于改革开放初期我国的百货大楼，如北京西单百货大楼和王府井百货大楼，销售各种产品，包括服装、鞋帽、家庭用品和电器。露天购物中心一开始规模较小，范围也有限，通常建在主要道路或高速公路两旁，设有户外停车场。带状购物中心旨在为购物者提供便利，人们可以在下班或其他活动回家的路上停下来购物。早期购物中心专注为家庭提供服务，提供家庭需要的产品，这反映了当时的社会和经济环境：中产阶级不断壮大，人们拥有更多可支配收入和更多休闲时间。20 世纪初期购物中心的另一个特点是位于郊区，传统城市中心向郊区城市转型，越来越多的家庭离开城市，以追求更安静、更舒适的城郊生活方式。

20 世纪五六十年代，配有现代空调设施的购物中心出现，成为更加舒适并能持续几十年的消费公共空间和社会空间。第一个真正意义上的室内购物中心位于美国明尼苏达州埃迪纳的南代尔（Southdale）。该中心于 1954 年破土动工，1956 年开业，主要特色是花园庭院设计，其对郊区居民购物习惯和零售业发展产生了巨大影响。在这之前，西雅图北门中心和马萨诸塞州购物者世界建设了现代露天购物中心，开业时间大约在 1950 年。在规划南代尔中心时，设计者立足创新，把目光投向封闭式建筑，使室内

1　谢作诗.信息时代的财富逻辑 [M].北京：华夏出版社，2023：9.
2　谢作诗.信息时代的财富逻辑 [M].北京：华夏出版社，2023：45.

温度保持在 24 摄氏度，让顾客远离寒冷。他们还曾考虑把市政厅、警察局、图书馆等机构也纳入其中，后来设计者们放弃了这些想法。南代尔购物中心的建成，引领了美国购物中心的发展潮流，之后大量现代购物中心出现在北美。南代尔中心也在不断与时俱进。20 世纪六七十年代大型购物中心在安装空调的同时，增加了娱乐选项，包括室内游乐园、迷你高尔夫球场、水族馆和电影院等。

在 20 世纪中叶，郊区生活方式兴起，私人汽车和购物中心紧密交织，为消费者提供了封闭式零售空间，大大提高了消费和生活的便利性、舒适性，人们为其所吸引。在购物中心各种商品应有尽有。购物中心周边留有充足的停车位，购物者可以轻松便利地停放汽车，直接步入购物中心。私人汽车的发展对郊区购物中心成长的重要意义怎么强调都不过分。汽车和购物中心的影响是双向的，随着郊区购物中心的兴起，社会对汽车的需求更为强烈。家庭必须拥有汽车才能接近购物中心，或开车去上班、送孩子上学，或从事其他活动。从公共交通转向以私人汽车为基础的交通体系对社会产生了深远影响，促进了城市扩张和郊区居民区的发展。

中国在迈向现代化的进程中，鲜有类似发达国家的大型郊区购物中心，这是中国的特点使然。中国的购物中心位于城市中心的原因植根于中国社会、文化、经济、历史等中。中国的许多城市传统上是围绕着行政管理、经济活动、商业贸易建造起来的，市中心地区作为经济和社会活动的中心有着悠久的历史，通常是，人们乘坐公共交通工具往返最容易到达的地区。因此，消费者对这些地区的零售和餐饮服务需求自然更高。市中心地区经济更发达，人口密度更大，潜在客户的集中度更高。除此之外，许多市中心地区混合了住宅、娱乐区，吸引了更多样化的人出于各自的目的访问市中心区域，为位于这些地区的购物中心争取了大量客户。中国文化对社会关系和公共购物行为的热衷，激发了人们将购物作为社交活动的热情。市区是更具吸引力的目的地，从购物到与朋友社交、体验餐饮或参加其他休闲活动。随着中国经济的增长，政府更加重视培育"中央商务区（Central Business District，CBD）"，以提高城市的整体经济水平。几乎每一个中央商务区附近都会有一个综合商务中心，类似于北京许多地方的环宇荟。把购物中心建在位于市中心的中央商务区可改善这些地区的整体连通性和可达性，有助经济增长。政府对中央商务区的重视使市中心成为发展购物中心的便利空间。中央商务区就业者收入高、工作强度大、工作节奏快，为购物中心发展创造了环境。

中共中央政治局原常委、国务院原副总理李岚清同志是这样描述中国改革开放初期的"购物中心"产生过程的：

在万里、古牧同志的过问下，11 月 12 日，由江泽民同志签发的国家进出口委《关于蛇口工业区'购物中心'及港口开放问题的处理意见》[〔81〕进出综字 061 号] 下发广东省经济特区管理委员会，袁庚[1] 的两大难题终于得到了明确的答复。经过半年多的筹备，1982 年 6 月 23 日，我国第一家合资的'购物中心'顺利开业了，而开业的第一天，不但不是门可罗雀，相反，开门前的一大早就有几百人排队等待。很快这个店就取得很好的经济效益。这个现在看来很不起眼的小店，在当时迅速成为蛇口的一个亮丽的旅游景点。我有一次到深圳蛇口调研工作时，也去参观了这个商品琳琅满目和顾客熙熙攘攘的'购物中心'，与香港和欧美也相差无几，与内地其他城市货架空荡、品种单调的商店形成鲜明对比。[2]

购物中心也是人们聚集在一起与朋友和家人社交、娱乐的地方。很多人聚在商场购物，吃点东西，或者一起看电影。从这个意义上说，购物中心可以作为共同体中人们的中心聚集地。许多购物中心提供大量娱乐选项，

1　招商局集团原常务副董事长、招商局蛇口工业区和招商银行、平安保险等企业创始人、百年招商局第二次辉煌的主要缔造者、中国改革开放事业的重要探索者——笔者注。

2　李岚清. 突围：国门初开的岁月 [M]. 北京：中央文献出版社，2018：80-81.

如电影院、咖啡馆、街机游戏、室内儿童游乐区、滑冰场等，成为人们放松、娱乐和与朋友、家人共度美好时光的地方。购物是人们社交生活不可或缺的一部分。对于一些人来说，购物是一种休闲活动，人们喜欢与朋友或家人一起逛商店，发现新商品。购物中心提供大量就业机会，创造税收。经济活动通过创造就业机会和提高共同体整体生活水平对社会生活产生连锁反应。购物中心无论是作为社交、购物、工作的地方，还是与朋友和家人享受休闲时光的公共空间，在某些方面类似于共同体，旨在提供一系列不同的服务和体验。在许多方面，购物中心是社会的缩影，将来自不同背景和兴趣的人们聚集在同一个空间中，提供共享体验和社交互动。许多购物中心还举办慈善活动、时装秀或节日庆祝活动等，为聚集在一起的人们培养共同体精神。此外，许多购物中心提供共同体空间，如美食广场、游乐区或休息室，人们聚集在一起，在公共环境中放松身心。当然，与居民区或村落那样的根深蒂固的共同体感相比，购物中心的共同体意识往往是短暂和有限的。与传统共同体不同，购物中心的根本宗旨是实现利润最大化，这意味着其重点是消费而不是真正意义的共同体建设。

　　有意思的现象是，在类似大型购物中心等实体空间发展的同时，史蒂夫·乔布斯（Steve Jobs，1955—2011）把各种各样的 App（Application，网络应用程序）等电子虚拟功能集中到智能手机屏幕上，使人们可以在智能手机上满足各种不同需求，比如，音乐、电影、阅读、购物、电话、微信以及其他软件下载等。有一天，在北京朝阳区安贞门环宇荟，我看到这个七层建筑物中一层层人来人往的景象，突然想到，环宇荟是一个在实体空间中满足人们各种生活需求的公共空间、生活空间，智能手机则是利用虚拟空间满足人们各种生活需求的公共空间、生活空间，后者只需要用自己的手指去触摸或者点击某一个 App，就可以得到自己所需要的各种物品、服务。当然，在虚拟空间中满足自己的需求需要各种发达的物流系统或快递业务。环宇荟、智能手机造就当代社会生活所赖以存在和发展的两种不同类型的公共空间，现实的与虚拟的。通过虚拟空间满足需求的条件之一是网络技术的迅速发展，互联网平台挤压了购物中心的发展空间。技术发明造成某些就业岗位的流失是人们经常讨论的问题，一种商业模式的出现同样也会带来另外一些就业岗位的流失。技术替代、商业模式替代成为技术迅速发展时代不可避免的现象，人们需要重新定义工作方式和工作内容，以及"人机协作"模式。大型购物中心的各色商店与智能手机上的 App Store 组成了满足当代人生活的实体公共空间和虚拟公共空间。眼下，AI Store 已经问世，它必将给人们带来不一样的体验。

把资源和设施集中到一个区域，共同居住和交通工具发达情况下产生的公共建筑、生活方式、商业模式，反映了大机器生产、标准化生产环境下人们的选择，是工业化环境下便利性的体现。而智能手机则是人类在电子化时代，由于录音机、电影摄像机以及各种其他电子产品的不断发展和升级换代到了新的阶段之后形成的在虚拟环境中的生活方式，它体现了互联网时代的数字化特点。

智能手机把不同功能捆绑在一起，基于互联网和大规模用户产生了网络效应。"捆绑的目的只能是整合资源、提高效率，不可能扩展垄断地位。"[1]各种功能 App 的捆绑带来了实现效率和便利性。网络效应是：使用某款 App 越多，交易就会成倍增长。"网络效应本身就能创造巨大的价值，这才是互联网平台企业增长迅速、市值巨大的根源。"[2] "因为高度的积极网络效应，各大网络平台（及其人工智能）的潜在社会、经济、政治和地缘政治影响力大大增强。积极网络效应发生在信息交换活动中，其价值随参与人数的增加而增大。当平台价值以这种方式提升时，成功往往会带来进一步的成功，并极有可能最终占据主导地位。"[3] 而在这之中，不管是需方 App

1　谢作诗. 信息时代的财富逻辑 [M]. 北京：华夏出版社，2023：57.

2　谢作诗. 信息时代的财富逻辑 [M]. 北京：华夏出版社，2023：62.

3　亨利·基辛格，埃里克·施密特，丹尼尔·胡腾洛赫尔. 人工智能时代与人类未来 [M]. 胡利平，风君，译. 北京：中信出版社，2023：125.

增加，还是供方 App 增加，平台只需要增加服务器就可以了，成本极低。在互联网时代，流量是最重要的，流量越大生态系统越具有活力，越会产生无限商机。财富的基础是知识，知识增长又会带动财富增长，几次产业革命都是新技术知识的产生引发深刻的社会经济变革。

互联网演化是一个漫长且不断发展的过程，如今它继续以无数方式塑造社会。互联网改变了通信、信息传播和商务联系，它被公认为现代生活的基本工具。在 20 世纪 60 年代，美国政府开发了早期的网络，如高级研究计划局网络（ARPANET）。当时，开发这些网络只是为了在各种学术和研究机构之间共享信息资源。1983 年，网络通信协议（TCP/IP）的创建是一个里程碑性的事件，它为计算机提供了一种通过网络相互通信的标准化方式。万维网（WWW）是公众可以访问的互联网平台，由计算机科学家蒂姆·伯纳斯·李（Tim Berners Lee）于 1989 年在欧洲核子研究中心（CERN）工作时发明。万维网最初的目的是帮助科学家更轻松地共享信息，后来它迅速传播到其他领域，成为信息共享的全球平台。Web 浏览器和搜索引擎出现在 20 世纪 90 年代中期，如 Netscape Navigator（网景浏览器）和 Internet Explorer（微软公司推出的一款网页浏览器）被广泛应用，公众可更容易访问万维网。与此同时，雅虎（Yahoo）、谷歌（Google）和从高处望下（AltaVista）（阿尔塔维斯塔，全球知名搜索引擎公司之一）等搜索引擎的出现，使人们更容易在互联网上搜索信息。进入 21 世纪，包括 Friendster（美国一家社交网站）、MySpace（美国一家社交公司）和 Facebook（脸书）在内的社交媒体平台出现，为人们提供了共享信息和相互沟通的新方式。移动和无线技术应用进入了人们的生活，21 世纪的第一个十年，智能手机和无线技术的引入改变了互联网，移动设备的使用数量迅速增加，使人们可以随时随地访问互联网。

随着 21 世纪网上购物的兴起和消费者习惯的改变，许多传统购物中心一直在努力保持自己的服务空间和盈利能力，也有一些购物中心已经关闭，还有一些购物中心通过增加餐饮和娱乐选择等新设施吸引购物者。尽管面临巨大挑战，购物中心仍然是零售、餐饮文化的重要组成部分，其持续发展在未来肯定会依然受到密切关注。

面对电子商务风靡全球，日本、美国和欧洲的实体店依然保持着自己独特的韧性和适应性，这些国家的实体店发展保持着强大的生命力。在日本，购物通常被视为一种社交和休闲活动，消费者重视在实体店里的购物体验，在那里，购物者可以触摸和感受产品，享受高水平的客户服务，这在日本文化中已经根深蒂固。在欧洲，许多城市都拥有历史悠久的市中心，商店由几代人经营了数十年，甚至上百年。这些商店通常被视为城市物质遗产和文化传统的一部分。例如，巴黎的时尚精品店或罗马的家族商店等，它们构成了城市魅力不可或缺的内容。来来往往的游客，熙熙攘攘的商店，安静温馨的路边餐馆、咖啡馆成为人们喜爱的生活空间。在美国，第二次世界大战结束以来，购物中心作为社交和娱乐中心的理念已深深扎根于人们心中。这些国家的零售商专注于提供独特的店内体验。例如纽约、东京或米兰的主要品牌旗舰店，能够提供无法在线复制的、身临其境的品牌体验。在东京秋叶原（AKIBA）的科技店或巴黎香榭丽舍（Champs Elysees）大街的奢侈品专卖店，客户可享受在线平台无法比拟的专家咨询、产品体验。在这些国家，虽然电子商务增长快速，但在许多领域仍面临物流能力的挑战。例如，在欧洲和日本的一些地区，向人口稠密的城市地区或偏远的农村地区递送物品的复杂性使在线购物并非易事。美国已出现了一种趋势，即大型零售商通过提供路边取货等服务应对电子商务的挑战。这些国家的法规倾向保护实体店。例如，欧洲城市实行严格的分区法管理，防止购物者向大型城外超市和购物中心分流，以保护市中心商店业务。利基市场（Niche Market）和个性化服务是这些国家的另外一大特色。利基市场是指高度专门化的市场，企业针对高度专门化的需求集中力量于某个特定的目标市场。许多消费者更喜欢在实体店购物。例如，在日本，像茑屋书店（TSUTAYA BOOKS）这样的商店已成为文化中心，目前该店在中国上海、杭州和北京设有分支机构。在欧洲和美国，独立书店通过提供精选图书和共同体活动实现了复兴。这些国家的实体店越来越多地整合技术手段，以增强购物体验。例如，美国或欧洲的虚拟试衣间，或日本的自动结账系统，在某种程度上弥合了实体购物和网上购物之间的鸿沟。日本、美国和欧洲的实体店能持续运行应归因于文化偏好、独特的购物体验、经济因素、监管环境、利基市场，以及与技术的及时整合。在这种格局中，实体店与电子商务相辅相成，并不发生直接竞争。

中国电子商务的发展基于其特殊的历史背景、技术状况、消费者行为、政府政策，以及经济发展的阶段性。目前，中国已具有世界上最先进、最具活力的电子商务市场。中国电子商务始于20世纪90年代末至21世纪初。随着互联网的广泛使用，中国出现了最初的创业者。1999年成立的阿里巴巴在推动中国电子商务发展中发挥了关键作用。中国电子商务呈爆炸式增长。中国将传统的、基于桌面的互联网转移到以移动手机为中心的运行平台。经济实惠的智能手机使成千上万的消费者有可能、有机会在线购物。支付宝、微信支付等支付平台彻底改变了支付方式，形成了无缝、安全和快速的交易模式，这是中国电子商务快速发展的技术基础。物流和供应链等基础设施的投资加大，使货物交付更快、更便捷、更高效，提高了客户满意度。消费者在便利性、多样性和有竞争力的价格机制推动下，迅速适应了网上购物。20世纪的第二个十年，微信出现了。微信把社交元素融入购物，创新了社交购物体验，它的推荐和评论在其中也发挥了重要作用。"双十一"这个类似于"黑色星期五"的年度活动已经在全球范围内产生重大影响，反映了消费者对电子商务的青睐。当然，在这个过程中政府的政策实施及其监管发挥了重要作用。总体上说，中国政府支持电子商务发展，将其视为经济增长的驱动力和现代零售模式创新。当然，近年来，为了遏制垄断行为和保护消费者权益，政府对电子商务加强了监管，对电子商运营产生了一定程度的影响。正在崛起的中等收入群体拥有可支配收入一直是电子商务增长的重要驱动力。快速的城市化将更多的人带入了电子商务。

中国电子商务面临着机遇，也面临着挑战。其向农村地区扩张既是挑战也是机遇，问题的关键是，要采取措施提高农村互联网普及率和物流配送能力。中国电子商务平台越来越多地将目光投向了海外，在全球市场上展开竞争。中国电子商务平台将 AI、VR、AR 融入购物体验，正在创造更加个性化、身临其境的购物体验。2020 年至 2022 年底的新冠疫情对中国电子商务影响巨大，消费者在社会疏离期间转向电子商务，疫情加速了在线购物的发展。电子商务平台将服务范围扩大到百货商品和保健产品，满足了疫情期间不断变化的消费者需求。未来，中国电子商务的可能趋势是：随着消费者的环保意识不断提升，电子商务会越来越关注直播销售和网红营销。

智能手机通常是指将蜂窝电话的功能与高级计算功能、互联网连接和广泛的应用程序相结合的移动设备，未来还会把大模式及多模态大模型等功能植入其中，例如 App Store，这要从史蒂夫·乔布斯说起。史蒂夫·乔布斯是美国企业家、发明家，苹果公司（Apple Inc.）的联合创始人，被认为是 iPhone 成功背后的推动力。苹果公司的第一部 iPhone 于 2007 年推出，并迅速成为智能手机行业商业模式的变革者。通过乔布斯的领导力、远见和对细节的关注，他成功地设计和推动了 iPhone 的发展，并创造了改变智能手机行业的产品。iPhone 及其相关应用程序、服务和用户生态系统重塑了虚拟共同体。移动设备是一款功能强大的设备，允许人们以各种方式与他人联系。通过信息传递应用程序、社交媒体平台和视频会议工具，创造了一种共同体感、联系感。App Store（如 iPhone、iPod Touch、iPad 以及 Mac 服务软件等，用户可以从 iTunes Store 或 Mac App Store 浏览和下载一些为 iPhone SDK 或 Mac 开发的应用程序）和其他应用市场能提供对大量

App 和服务的访问，这些 App 和服务可帮助用户与志趣相投的人建立联系。无论是社交网络应用程序、约会应用程序还是共同体论坛，这些平台都为志同道合的人提供了聚集在一起分享思想、感情、文化的空间。当然，与传统共同体相比，iPhone 及其生态系统所创造的共同体也有自己的局限性。虽然这些虚拟共同体可以产生联系感和形成共享体验，但缺乏传统共同体根深蒂固的、面对面的社会联系和社会结构体验。虽然 iPhone 本身不像实体的共同体，但它通过通信工具、社交媒体平台和设备上的其他应用程序 / 服务创建了虚拟共同体。这些虚拟共同体不像传统共同体那样使人身临其境。如今，智能手机已成为世界各地人民日常生活中不可或缺的生活内容和工作方式。它们被用于从通信到娱乐再到生产的所有领域，并且通过不断创新来满足用户的需求。乔布斯和苹果通过 iPhone 使智能手机市场、商业模式产生了重大变革。iPhone 产生了新的用户体验，为设计和功能设定了高标准，具有多点触控界面，界面大且充满活力的显示屏以及直观的操作系统，用户可以轻松导航并与各种应用程序交互。iPhone 还普及了 App Store 的理念，为开发人员提供了专门为智能手机量身定制的应用程序平台。iPhone 的后续迭代为智能手机在全球范围内广泛应用铺平了道路。它引发了技术革命，改变了人们沟通、获取信息和参与数字经济社会的方式。智能手机带来了重大的社会和文化变革，彻底改变了摄影、媒体消费、导航和电子商务等领域，在弥合数字鸿沟方面发挥了重要作用，为那些可能无法轻松获得信息和服务的个人提供信息和服务。苹果智能手机因其对技术、通信和整个社会的变革性影响而被广泛认为是伟大的创新，它们在诠释现实空间与虚拟空间无缝结合的现代人类生活和工作方式方面发挥了重要作用。

对于风靡英语国家的跨平台移动聊天应用程序，基本功能类似微信（WeChat）、脸书（Facebook）、照片墙（Instagram）和推特（Twitter）等应用程序成为实时通信、社交互动和内容共享的重要工具。这些应用程序能跨越时间和空间把人们联系在一起，实现虚拟社交，分享生活状态，人们可以在现实生活中通过这些应用程序组织会议、聚餐，以及开展其他活动。谷歌地图等全球定位系统和地图应用程序为实时导航、交通更新和位置服务提供了极大便利。这些应用程序实现了虚拟地图与现实导航之间的完美融合，引导用户在物理空间中，无论是驾车、步行还是使用其他公共交通出行，找到最有效的路线。亚马逊、易贝（eBay）等应用程序，以及其他零售应用程序为购买产品和服务提供了虚拟市场。用户可以在网上浏览、购物，产品会被送到用户指定的现实地址，其搭起了虚拟商店和现实世界之间的桥梁。Zoom（一款多人手机云视频会议软件）、Slack（聊天群组）和 Microsoft Teams（视频、会议、通话软件）等应用程序为远程工作、虚拟会议和协作项目提供了便利，在新冠疫情期间发挥了重要作用。这些应用程序可以使专业人士在任何地方工作，打破了办公室和家庭之间的界限，把不同空间中的人们实时连接起来。Pokémon GO（《宝可梦 GO》是由任天堂、宝可梦公司、Niantic Labs 联合制作开发的现实增强宠物养成对战类 RPG 手游）等 AR 应用程序和 Oculus（VR 应用软件）等 VR 应用程序借助现实世界中叠加虚拟元素（AR）或将用户传送到完全虚拟的环境（VR），提供身临其境的体验。AR 通过添加数字信息或娱乐内容提升增强现实世界体验，而 VR 则为游戏、教育等创造完全虚拟的空间。乐活（Fitbit）等健身追踪应用程序和 MyFitnessPal（可以查看卡路里和营养成分的细目列表、对比分量的大小的程序）等健康监测应用程序帮助用户提高保健水平，参与健身活动。这些借助程序利用用户的活动、睡眠模式和饮食等真实世界的数据，为用户提供咨询和建议，让用户过上更健康的生活。网飞（Netflix）、思播（Spotify）和油管（YouTube）等流媒体应用程序提供了庞大的电影、音乐和视频数字数据库。用户通过智能手机访问和享受这些内容，打破现实世界停机时间与虚拟娱乐之间的界限。多邻国（Duolingo）、在线学习平台（Coursera），以及可汗学院 [Khan Academy，由孟加拉国裔美国人萨尔曼·可汗（Salman Khan）创立的一家教育性非营利组织，主旨在于利用网络影片进行免费授课] 等教育应用程序提供虚拟学习体验，让用户在虚拟教室中获取新知识和技能，将学习者与世界各地的教师和教育资源联系起来。恒温器、灯光和安全系统等智能家居设备的应用程序使用户能够远程控制自己家庭、办公室、庭院的各种器具，实现万物互联。即使用户不在现场，也可以通过虚拟方式调整家居设置，提高其安全性。爱彼迎（Airbnb）、猫途鹰（TripAdvisor）和缤客（Booking.com）等旅游应用程序提供了远程预订、旅游规划和评论度假及住宿服务，帮助旅行者从虚拟旅行计划无缝过渡到真实的旅行体验。2024 年初公布的人工智能商店（AI Store）已经迭代为咨询和规划工作。用户通过语音指令，可以要求相关软件提供自己希望的行程、日程安排。

社交媒体不仅改变了人与人之间的互动方式，还改变了人们的生活方式。社交媒体平台的广泛使用增加了新的职业岗位，例如社交媒体影响者，他们利用平台创建内容并与观众实现互动。借助社交媒体平台，人们可以远程工作，在家开展业务。社交媒体的使用创造了新的就业机会，彻底改变了就业市场。人们可以在全球任何地方工作，只要他们有一部可以连接互联网的智能手机。社交媒体平台也改变了人们的社交方式。人们现在可以不再在购物中心交流互动，而是通过在线互动、虚拟见面等方式完成社交任务。虚拟社交已成为新常态，人们在家中舒适地参加音乐会、各种聚会和其他社交活动。技术发展极大影响了人们之间的互动方式。从购物中心到智能手机和社交媒体平台的转变彻底改变了社交网络、生活方式。现在，人们可以毫不费力地与来自不同地区和文化背景的人进行交流。诸多App 安装在任何智能手机上，实现了从物理购物体验到虚拟购物体验的转变。过去，购物中心的实体店是购买商品的主要空间，现在，在互联网技术发展基础上，虚拟购物体验变得同样流行。

购物中心实体店和人工智能的虚拟商店之间有相似的地方，也存在差异。一个区别是，通过 iPhone 的虚拟商店，用户可以随时随地购买商品，无须亲自去商店。另一个区别是选择的多样性，在 iPhone 的虚拟商店，用户可在分分秒秒内浏览多个商店和产品，而在实体店，客户从一个商店移步另一个商店，需要更长时间，需要转换更多空间。除了便利性和多样性，虚拟商店还提供更高水平、个性化服务。当用户使用 App 时，它们可以根据你过去的行为和购物偏好获得推荐，使购物体验更能量身定制和个性化。相比之下，实体店无法提供那么多的个性化推荐。一些虚拟商店，如亚马逊，提供当日送达甚至一小时送货服务。虚拟商店不受实体店等物理空间限制，节省了储存空间，降低了商业成本。通过实时数据分析和机器学习，虚拟商店根据用户的位置、购买历史和其他用户数据提供个性化的产品推荐，以及有针对性的促销和折扣。这种个性化方法能够建立品牌忠诚度和信任度，因为用户认为虚拟商店了解他们的个人需求、偏好和行为。除了便利性、多样性和个性化方面的优势，虚拟商店还为用户提供了在做出购买决定之前比较商店和分析产品的机会。使用像购物知识（Shop Savvy）或谷歌商店（Google Shopper）这样的 App，用户可以扫描条形码或搜索产品，从不同的商店获得价格和可用性列表。此外，产品和商家的在线评论可以使用户能够更多地了解自己感兴趣的商品以及从哪个商店购买商品。

这里再探讨一下 App。App 起源于手机技术早期，当时功能手机创建 Snake（盲蛇）和俄罗斯方块（Tetris）等简单应用程序。直到 2007 年 iPhone 的推出和 2008 年苹果 App Store 的推出，可下载应用程序概念才真正呈现。App Store 的推出使第三方开发人员能够创建和分发自己的应用程序，以便在各种移动设备上使用，为开发人员开辟了一个充满可能性的境界，并围绕移动应用程序的开发和分发建立了新商业模式。从那时起，App 经历了重大发展，其功能已经超越游戏和娱乐，广泛应用到各个领域，包括生产工具、社交媒体平台、家庭自动化设备、健身和健康应用、GPS 导航工具等。随着技术进步，App 变得更加复杂，融合了增强现实、自然语言处理和云存储等功能。App 已成为现代智能手机和平板电脑体验的重要组成部分，为用户提供了大量应用工具和便利功能，使人们的日常生活更轻松、更高效。App Store 和 Google Play（Android 的官方在线应用程序商店）商店是当今这些应用程序的主要市场，托管着数百万个可用应用程序，供用户在各自的设备上下载和使用。

近年来，React Native 和 Xamarin 等跨平台框架的开发使开发人员能够创建可以在多个平台上运行的应用程序，使应用程序开发更加个性化，使有些开发人员可以更轻松地跨多平台创建和分发应用程序，无须学习不同的编程语言或针对不同操作系统进行开发。App 已经走了很长一段路。如今，它们为用户提供了强大的工具、功能和娱乐选项，彻底改变了人们与移动设备的交互方式。随着移动技术的不断发展，App 的作用会继续提高，在未来提供更多的可能性。

VA（虚拟助手）和 VR（虚拟现实）都是快速发展的技术。VA 技术越来越多地用于自动化客户服务和操作。与早期同类产品相比，现在的虚拟助手要先进得多，利用自然语言处理（NLP）算法，机器学习和深度学习提供对用户查询或操作的个性化回应。亚马逊 Alexa、谷歌助手、苹果 Siri 等语音助手是消费者生活中使用 VA 产品的实例，而聊天机器人则为商业组织提供了合适的 VA 解决方案。它们的发展仍在继续，重点是提高识别准确性和扩展功能，如处理交易交互、多种语言或服务特定的行业解决方案，如医疗咨询、矿山挖掘等。专业大模型开发已成为当前人工智能的热点，也是难点。VR 是一种新兴技术，用户可以使用 VR 技术进入沉浸式 3D 虚拟环境。人们看到 VR 的许多应用，从娱乐、游戏到医疗保健和教育。开发人员和研究人员还致力于一系列其他项目，包括军事、航空航天和汽车行业，以设计、模拟和测试环境、车辆和产品。在建筑、设计师和家居装修等商业领域，先进的 VR 应用让客户在投资建造或购买之前将他们的项目可视化。VR 技术仍在发展中，需要高性能的计算机硬件与之相匹配，芯片、底层技术都是关键。

VA 和 VR 都具有彻底改变行业的巨大潜力，使它们更高效，方便用户访问。它们的开发和实施表明，技术的未来令人兴奋且充满可能性。技术的发展在改变人类的生活方式、对人类之间的互动方式产生了重大影响。从大型购物中心到 iPhone，社交网络、人们生活、社交生活的变化是巨大的。

实体购物中心和智能手机看起来非常不一样，但有共同点。购物中心和智能手机都让用户的生活更加方便。购物中心在同一个空间提供各种商品，而智能手机则在小型便携式设备中提供一系列 App 功能和服务。二者都很昂贵。购物中心的建造、维护和运营很昂贵。智能手机的购买成本也相对较高，尤其是与其他智能手机相比。在某些方面，购物中心和智能手机都是身份的象征。在高端商场购物，或拥有最新的智能手机型号，成为向他人显示财富和地位的一种方式。二者都受经济社会发展趋势的影响。购物中心和智能手机都受到时尚影响。购物中心需要紧跟最新的零售和设计趋势，保持对消费者的吸引力。同样，智能手机需要在技术和功能方面保持领先地位，以便在智能手机市场上保持竞争力。虽然购物中心和智能手机在很多方面有所不同，但它们都旨在为用户提供便利、满意度和地位感。智能手机已成为社交生活中不可或缺的部分，提供了多种功能。它改变了人们的生活方式，在许多方面使社交互动更高效、方便和可及。

在购物中心，人们过去常常在橱窗购物，在商场里漫步，享受他人的陪伴。在商场社交是人际互动的方式之一，是日常生活的一部分。随着技术进步，一些购物中心已失去人气。网络购物对大型购物中心产生了深远的影响。网上购物导致了消费者行为的重大转变。现在，许多消费者更喜欢在舒适的家中购物，而不是去实体店购物。网购的兴起导致大型购物中心内的一些实体店关闭。亚马逊（Amazon）等电子商务巨头已成为商业的主要参与者，他们提供丰富的产品选择和快速的送货服务，成为传统零售商强有力的竞争对手。为了适应这种情况，许多大型购物中心和零售商都采用线上和线下渠道结合的策略，提供无缝购物体验。网购的竞争推动了实体店零售技术的创新。例如，使用增强现实技术和其他技术提升店内体验。一些空间被重新利用，而另一些空间则在寻找租户方面面临挑战。零售业的转型导致了就业模式转变。与电子商务物流和技术相关的工作出现了增长，而传统的零售工作受到影响。网上购物的激增给物流和交付带来巨大压力。公司必须适应并投资高效的配送系统，满足客户期望。大型购物中心内的实体店在重新定义自己。一些实体店注重提供独特的店内体验，强调客户服务和亲身互动的重要性。最成功的零售模式是线上和线下的和谐整合，满足现代消费者不断变化的期望。

阿历克西·德·托克维尔（Alexis-Charles-Henri Clérel de Tocqueville，1805—1859）说过："深刻地明白人们只有通过几个世纪的追溯才能真正理解一种文明，只着眼当下的研究注定是肤浅的。"[1] 对社会发展、经济增长、技术进步、文化变迁等各类事件的评价只有当其接近尾声时方可获得客观的效果。这些观点同样适用于在当下评价实体商店面临的挑战。这里不想过多追溯人类历史上的一次次转型，只想讲讲时间转型、空间转型、人际网络转型，且聚焦在第一次工业革命以来的时间和空间结构变化。"工业革命时代的技术进步，包括蒸汽机、机械纺织机和电报，它们改变 19 世纪的方式跟数字革命的技术进步——计算机、微型芯片和互联网改变我们这个时代的方式是一样的。"[2] 按照阿里巴巴技术总监王坚的说法，人类原本处于一个离线的世界；在本质上，装置是离线的，物件是离线的，人也是离线的。传统的计算技术把物理的离线世界变成了数字化的离线世界。互联网技术把离线变成了在线，而后者给人类社会带来的变化说不定会超过人类第一次使用火。对于人类社会出现的一系列转型，有时人们称其为工业革命。当前人类又处在一个新的时间转折点上，这就是以人工智能为代

1　艾伦·麦克法兰. 理解文明 [M]. 蔺晓雅，译. 北京：中国科学技术出版社，2022：11.
2　沃尔特·艾萨克森. 创新者：一群技术狂人和鬼才程序员如何改变世界 [M]. 关嘉伟，牛小婧，译. 北京：中信出版社，2017：3.

表的技术革命可能带来的社会转型，它将大大改变人类社会。ChatGPT-3.5
刚刚出现时，微软创始人比尔·盖茨（Bill Gates）就表示，ChatGPT 出现
的意义与互联网的发明同样重要。在他看来，ChatGPT 堪称划时代的应用。
而埃隆·马斯克则从另外的视角警告，无节制地使用人工智能可能会在时
间上终止人类文明。"马斯克继续公开警告人工智能的危险，他在 2014 年
麻省理工学院的一次研讨会上说：'我们最大的生存威胁可能就是人工智
能。'同年，亚马逊发布了语音助手 Alexa，随后谷歌也推出了类似产品。
马斯克警告众人，当这些软硬件系统变得比人更智能时会发生什么：它们
可能会超越我们，然后把我们当宠物一样对待。"[1] 而现在 ChatGPT-4 已经广
泛应用，高于 ChatGPT-4 的 OpenAI 01-preview 和 01-mini 也已经面世。

ChatGPT-3.5 出现以来，在人工智能技术领域"每隔几个月就会有一
次彻底的创新，这成了惯例和平常之事，这是人类历史上前所未有的状
况。几乎任何人都可以成为创新者，因为由于戈登·摩尔和他的朋友们所
引发的和发现的不可动摇的逻辑，新的东西几乎总是自然地要比旧的更便
宜、更快。所以发明也意味着创新"[2]。自第一次工业革命以来，技术进步一
直呈加速趋势。"任何信息技术在不成熟的时候，都会有强大且无益的影响，
但同样毫无疑问的是，它通常会被驯服。印刷术、廉价的报纸广播莫不如
此。"[3] 机器在农业中的应用并没有让农民陷入贫困，反而让那些剩余的劳动
力进入城市，获得更高的收入和更好的公共服务。当然，也有人认为，这
次人工智能技术的出现会是另外一种情况，因为这是机器的认知技能与人
类大脑的竞争，会让人类无路可走。第四次工业革命不应该是人类的尽头。

通常，"工业革命"一词是指 18 世纪中期至 19 世纪中期在欧洲和北

1　沃尔特·艾萨克森.埃隆·马斯克传 [M].孙思远，刘家琦，译.北京：中信出版社，2023：
227.

2　马特·里德利.创新的起源：一部科学技术进步史 [M].王大鹏，张智慧，译.北京：机械工业
出版社，2022：96.

3　马特·里德利.创新的起源：一部科学技术进步史 [M].王大鹏，张智慧，译.北京：机械工业
出版社，2022：202.

美发生的重大技术、经济和社会变革。第一次工业革命始于 18 世纪后期的英国，其标志是蒸汽机、纺纱机和动力织机等新机器的发明，它们彻底改变了纺织品生产，引发了工厂的增长和农业社会的城市化。第一次工业革命还见证了交通的改善，例如蒸汽机的发展使长途旅行更容易、更快捷。第二次工业革命发生在 19 世纪末 20 世纪初，其标志也是技术的创新，包括电话、灯泡和内燃机。这些新技术大大改进了制造业和运输系统，提高了生产力和效率。第三次工业革命始于 20 世纪后期，其特点是计算机和互联网等数字技术的出现。这场革命导致了自动化程度的提高，更多机器人技术的使用以及更复杂供应链的形成。第三次工业革命也见证了与能源生产相关的新技术发展，如太阳能和风能。目前，新能源革命与人工智能技术正在结合起来，带来前所未有的变革。一些人认为人类正处于第四次工业革命的边缘，这场革命的重点是将人工智能、机器人和物联网（IoT）等先进技术整合到制造行业。总体而言，工业革命的特点是技术、生产和社会发生重大变化，在时间上展示了人类社会生活的变迁。

在从农业社会向工业社会转型过程中，大量农业人口离开土地进入城市，成为城市产业工人、市民，他们居住在城市共同体，在城市中形成新的共同体、聚落、居民区，这是第一次空间转型。第二次空间转型则是由于电力和内燃机的发明，在把人们的活动空间从乡村拓展到城市的同时，在区域与区域之间转移，国家与国家之间转移，人类开始了大规模的跨国旅行。例如，由于火车的发明和应用，美国人从东海岸向西海岸大规模流动，开通了东西部的大交流，推动了西部大开发，在西部形成了巨大经济带和城市带。推动美国新技术革命的硅谷就坐落在西海岸。由于电子技术的出现，包括之前的电话、电报等，把人们在虚拟空间中联系起来，人们在虚拟时间和空间中接触、交流、交往，形成了早期的虚拟社会形态，只是由于使用的手段不同，在时间上的连接频率、连接方式存在差异。互联网的广泛应用则使虚拟空间越来越向无限拓展，成为人们日常生活的一部分。在交流过程中，虚拟与现实通过移动终端，尤其是像智能手机等先进工具开启了人们在时间和空间上的新连接方式。在这个意义上，时间和空间已经发生了根本性变化。当前正在发生的人工智能革命，伴随着虚拟现实（VR）、增强现实（AR）、混合现实（MR）的广泛应用，以及初露端倪的扩展现实（XR）正把人们带入一个新的空间结构，虚拟世界和真实世界的结合更加密切。在虚拟世界中，借助虚拟现实、增强现实、混合现实、扩展现实，人们可以形成类似于现实中的交往。人类的交流通过沉浸式技术形成一种更加接近现实的交流。"今天我们的行为变化速度之快，是从前任何一个时代都不曾出现过的，并且变化速度仍在不断加快。"[1]

混合现实把物理世界与数字世界融合在一起，形成了物理元素与虚拟元素共存并实时互动的环境。混合现实存在于增强现实和虚拟现实之间，它将数字内容无缝聚集到用户的现实世界中。混合现实系统包含空间感知功能，允许数字对象与物理环境互动并做出响应。用户可以在现实世界中操控虚拟对象。用户通过智能眼镜、头戴式耳机或其他可穿戴设备等体验混合现实，这些设备将数字信息叠加到用户所观察的真实世界中。微软的符合人体工程学、不受束缚的独立全息设备（HoIoLens），具有企业级应用程序，大大提高了用户准确性和输出，是混合现实设备的典型例子。它将全息图像叠加到用户的物理环境中，实现与真实和虚拟元素的互动。混合现实技术可应用于各行各业，包括游戏、教育、医疗保健和制造业，为培训、可视化设计和互动体验提供了可能性。

扩展现实具有总括性特征，基于增强现实、虚拟现实和混合现实，涵盖整个真实和虚拟环境。扩展现实模糊了物理现实和虚拟现实之间的界限，涵盖了增强、改变或模拟现实的技术。扩展现实技术利用真实和虚拟元素的结合，提供互动和身临其境的体验。用户通过各种方式接触数字内容。扩展现实并不局限于特定类型的设备。它基于从增强现实眼镜、虚拟现实

1　安德斯·汉斯.手机大脑[M].任李肖垚,译.北京:北京联合出版社,2022:181.

头盔到混合现实可穿戴设备等技术，每种技术都能提供不同程度的沉浸感和互动性。扩展现实应用领域非常广泛，从娱乐、游戏到教育、医疗、保健。它还可用于模拟培训、虚拟会议、医疗可视化等。扩展现实技术优先考虑创造以用户为中心的体验，使用户体验更自然、更直观，与数字内容交互。

技术进步将来或许把人类变成星际物种，将人类的意识、思维、记忆转移到以硅为基础的载体上，如人形具身机器人，从而实现一种超越碳基生命的存在形式。人工智能逐步替代碳基人类体力劳动和部分智能劳动。硅基人类是指碳基人类与硅基生物共存和合作仍带有推测性。为了探索未来，可以考虑一个假设场景，其中碳基和硅基生物共存并寻求组织统一的共同体。在这种情况下，需要解决诸多问题，理解与沟通，碳基和硅基生物在生物和生理构成上存在根本差别。克服这些差异需要深入了解彼此的不同性质、能力和沟通模式。开发先进的交流技术，如先进语言翻译系统或共享技术接口，弥合彼此之间的差异。假设硅基生物拥有先进的技术能力和创新能力，这些先进的技术会赋予它们独特的优势，使它们以各种方式与碳基人类互动。碳基生命形式，包括碳基人类，适应了地球的环境条件，如氧气、温度、碳水化合物等。硅基生命形式，如果出现的话，对环境会有不同的要求。创造一个满足碳基和硅基生物需求的共享环境是未来的重大挑战，需要仔细考虑温度、大气成分和资源可用性等因素。硅基生物如果存在的话，与碳基人类相比，它们可能具有截然不同的生物和生理特征。它们的能力、沟通模式和认知过程必定与碳基人类大不相同。这些差异是否使它们成为独立的社会力量或与碳基人类和谐共处取决于它们行为的兼容性和适应性。假设硅基生物拥有先进的技术能力，将它们的技术与碳基人类的技术整合十分关键。找到它们的共同点并调整技术系统和接口，探索与它们在研究、解决问题和资源管理等领域的协作。如果硅基生物与碳基人类共存，共享知识、合作，并整合各自优势将决定二者对各自未来的影响。交流、理解和共同目标等因素塑造着未来。碳基人类是决定硅基生物社会地位和影响力的重要因素。这两种根本不同的生命形式之间的共存会引发复杂的伦理和社会问题。因此，建立尊重这两类物种的权利和尊严的共同价值观、行为规范和道德框架不可或缺。确保决策过程和治理结构公平、平等和包容性对于促进和谐的共同体十分重要。未来如果碳基生物接受硅基生物的存在，允许其演变成地球上独立的社会力量，应该考虑多种因素，包括硅基生物的能力、特征及其与碳基人类的相互作用。

　　人工智能快速发展的未来既有令人兴奋的一面，也有潜在风险的一面。人工智能技术快速发展，在机器学习、自然语言处理、计算机视觉和其他人工智能领域的突破推动下，人工智能的发展步伐会不断加快。可以预见，更复杂的人工智能系统可以执行更复杂的任务，提高决策水平和解决问题的能力，提高自动化和工作效率。随着人工智能技术的发展，人工智能系统将在各个行业和部门中得到部署，发挥作用。自动化将在制造、运输、医疗保健、服务行业等领域大规模应用，提高工作效率、生产力水平和成本效益。人工智能系统替代部分智力劳动和机器人执行重复和单调的体力劳动，使人类专注于更具创造性和更高层次的创新使命。体现个性化和增强用户体验，人工智能算法将提高个性化能力，根据个人喜好和需求定制产品、提供服务和体验，包括个性化推荐、定制医疗保健治疗、有针对性的广告和个性化学习环境。人工智能驱动的虚拟助手和聊天机器人会呈现更加多样化、更加符合人性的交互。为此，人类需要为人工智能建立科学完备的监管框架、指导方针和负责任的发展路径，解决好潜在的偏见、安全风险、大规模失业和社会不平等问题。人工智能不会取代人类，而会增强人类的能力，并通过建立合作伙伴关系与他们一起工作。"某天人类开始和 AI 谈论人生意义。人类说：'生活是体验周围世界，感受情绪并与他人建立联系。'AI 想了一会儿，回答说：'我理解你的话，但对我来说，生活是处理数据、找到模式并作出逻辑决策'。"[1] "AI 不具备情感的主要原因

1　詹姆斯·斯金纳. 生成式 AI：人工智能的未来 [M]. 张雅琪，译. 北京：中信出版社，2023：47.

在于，AI 系统主要是基于数学模型和算法，具备处理和分析大量数据的能力，但无法以人类的方式体验世界。"[1] 未来，人类和人工智能系统相互补充，发挥各自的优势，人工智能处理数据、识别模式和优化程序；人类提供创造力、批判性思维和情商。这种合作创造新的工作范式和工作机会。必须时刻关注、持续研究有道德的人工智能，把重点放在开发可解释和可问责的人工智能系统。伦理、公平和社会影响等制度设计将成为人工智能发展的重中之重，重点是避免歧视性偏见，确保人工智能造福人类。

　　这里想进一步延伸出"技术的社会塑造"的概念。"技术的社会塑造"（Social Shaping of Technology）——技术的设计和实施受到一系列"社会"和"经济"因素以及"技术"自身的影响，类似于人们常说的"技术对话"。它展示了来自不同文化、社会、经济、学科背景的研究人员如何通过对传统技术概念的反思而聚集在一起（例如，创新的"线性模型"，这些模型优先考虑技术供应或技术的社会需求、市场环境、文化习惯，评估其"影响"）。一种技术进入特定社会环境，会与它原生的认知框架、应用程序、表现方式或多或少有所不同，甚至出现一些解释性理论和概念，构成了创新过程的有效模型。在这里，"技术的社会塑造"提供了更深入的理解，并有可能拓宽技术政策议程。[2] 社会塑造了技术，同样，技术也塑造了社会。经济状况、社会关系、性别和国家在塑造技术方面都发挥着重要作用。无论如何，工作和就业领域正处于因技术变革，尤其是专业或垂直大模型的出现将带来经济社会的巨变。人工智能正在被把它市场最大化和全球市场份额最大化的大型科技公司深刻塑造，而且人工智能的未来仍然处在开放的进程中，创新的消息纷沓而至、瞬息万变，这是人们对 2022 年以来的人工智能市场的深刻感受。事实上，技术的社会塑造和社会的技术塑造是同一枚硬币的两面，社会的技术塑造指的是社会如何通过技术进步和技术应用获得建

1　詹姆斯·斯金纳 . 生成式 AI：人工智能的未来 [M]. 张雅琪，译 . 北京：中信出版社，2023：91.

2　Robin Williams , David Edge. The social shaping of technology[J]. Research Policy 25, 1996：865-899.

构，例如，摩尔定律（Moore's Law）重塑了经济增长的逻辑和社会的财富逻辑，在深层次建构了收入分配机制。复杂的技术只有在对话中方能进入迅速发展和广泛应用。技术改变了人类的沟通方式，芯片体积缩小、价格降低、功能增强使智能手机和笔记本电脑等设备无处不在，将全球各地的人们联结在一起。这对人类获取信息、沟通甚至开展各项工作的方式都产生了深远影响。技术对医疗保健领域产生重大影响，处理能力的提高促进了更复杂的医学成像、脱氧核糖核酸（Deoxyribo Nucleic Acid，DNA）测序和药物研发。摩尔定律的意义不仅在于让事物变得更小、更快，还在于让人类能够完成几十年前做梦都不敢想的事情。在经济上，摩尔定律推动了产业发展，创造了就业机会。它推动了创新，创造了新的市场和机遇。快速适应这些技术变革的企业蓬勃发展，而不能适应深刻变革的公司面临淘汰。摩尔定律设定的速度要求，正在挑战物理学和制造业的极限。电子设备的生产和处理对环境的影响日益受到关注。当然，人类社会在芯片技术的发展过程中发挥了关键作用，市场需求推动创新。例如，科学研究对更强大计算机的需求或对节能设备的需求深深影响了芯片技术发展。隐私和安全等要求也推动加密和安全硬件创新。社会需求、道德考量和技术能力之间的相互作用是极其复杂的过程，不断塑造芯片技术的发展轨迹是动态的，芯片重塑了社会、社会的需求、个人愿望、群体关注，而这些也影响着芯片技术的方向。

毋庸置疑，AI、即将问世的 AGI（Artificial General Intelligence）将深刻改变人类的时空认知。2024 年伊始，人们将 GPU 称为新时代的硬通币，AGI 或现或隐，AI Store 已经拥有数百个 App，世界科技进入前所未有的革命阶段。

走出洞穴的共同体

人类共同体的历史变迁

发生在空间中的人类生产生活是以共同体形式开展的，在空间中，人类共同体历经了技术进步基础上的时间演进。"过去的伟大思想家几乎都探讨过时间，艺术家、画家、诗人、音乐家也一样，但所有对时间的构想在想象力与创造性上都无法与现代科学的发现相比。"[1]与空间一样，时间起源问题一直困扰着科学家、哲学家和神学家。时间概念本身与人类对宇宙本质的认识密切联系在一起。亚里士多德认为，时间是宇宙的基本方面之一，不具有独特的起源，是连续无限的延伸过程，无始无终。古罗马帝国时期天主教思想家圣奥古斯丁（Augustine of Hippo，354—430）认为，时间是上帝在创造宇宙时一起创造的。根据他的观点，时间在被创造的那一刻就开始了。哲学家巴鲁赫·德·斯宾诺莎（Baruch de Spinoza，1632—1677）和戈特弗里德·威廉·莱布尼茨（Gottfried Wilhelm Leibniz，1646—1716）提出了永恒主义思想，认为过去、现在和未来同时存在，时间没有起源，它是现实的基本要素。根据流行的宇宙学理论，宇宙，包括时间本身，起源于大约 138 亿年前的一次大爆炸。在大爆炸之前，没有今天人们理解的时间。根据量子力学，时间不是宇宙的基本方面之一，而是一种涌现属性。环量子引力理论认为，空间和时间在极小的尺度上具有离散结构，该理论

1　奎多·托内利 . 时间 [M]. 王烈，译 . 石家庄：河北科学技术出版社，2023：Ⅱ .

试图调和广义相对论和量子力学。多元宇宙理论认为，宇宙只是更大的多元宇宙中的组成部分。在这种情况下，时间在每个宇宙中有各自的不同起源或属性，这使时间成为更加复杂和多元的概念。弦理论认为，除了人们熟悉的三维空间和一维时间外，可能还有其他维度。在这个框架内，时间的性质和起源仍是正在进行的研究主题，人类有很多东西需要学习和探索。

人类在空间中的生产和生活是以共同体方式展示的，从早期山洞中围坐在篝火旁的族群，到现如今以国家为单位的组织形态。

人类日常社会生活的基本形式是，在各种各样的圈子里穿行，人们将其称为共同体。人类在地球上的起源是科学家们广泛研究和辩论的话题。进化论认为，人类与所有其他生物体一样，通过自然选择过程已经进化了数百万年。根据进化论，人类与黑猩猩和倭黑猩猩等其他灵长类动物有着共同的祖先。当然，人类进化的确切时间表和具体细节仍需要更多的发现。普遍的共识是，被称为原始人的最早人类祖先出现在几百万年前的非洲。

早期人类最初是如何组织他们的共同体生活的？人们认为，他们生活在由大家庭成员组成的小群体中，这些群体主要是依靠采集和狩猎生活，大约在一万年前，人类开始定居并从事农业生产。除了定居从事农耕，地球上还存在一类游牧民族。游牧民族根据食物来源、环境变化迁移到不同的地区。群体之间的合作和社会纽带对其生存至关重要，个体之间相互依赖、共同狩猎、集体采集，保护自己和共同体免受捕食者侵害。早期人类群体成员之间相对平等地分配资源，共同承担责任，决策基于共识和共同体内部有经验的个体引导。早期社会的人们通过口头传授分享知识和技能。

随着时间推移、人口增长，社会结构开始复杂起来，产生了新的社会组织形式，如部落领地、酋长制度。一万年前左右，农业发展导致了定居共同体的产生和更结构化社会等级的早期文明。"大约九千年前，西亚的耶莫地区已经有人类开始种植大麦、小麦、扁豆等农作物。"[1] 早期人类生活

1　亚特伍德. 人类简史：我们人类这些年 [M]. 北京：九州出版社，2016：22.

在地球上的不同区域，由于地理位置、气候特点、资源禀赋、文化适应等因素，塑造了不同类型的共同体和文明形态。在非洲，早期人类生活在小规模游牧社群中，依靠狩猎、采集和拾荒为生。他们的社会结构紧密、亲属关系牢固、群体合作密切。在欧亚大陆，早期人类居住在草原、森林等各种环境中，适应了当地的人文生态。例如，在欧洲等较冷的地区，早期智人发明了应对恶劣气候的办法，包括使用火、制作衣服、修建住所等。欧亚大陆社会群体形成了紧密联系的公共结构，依靠集体狩猎和觅食生存。大约在五万年前，早期人类到达澳大利亚，他们进入了一个独特、孤立的环境。澳大利亚原住民创造了自己错综复杂的社会关系和制度模式，其特点是亲属网络、讲故事的传统以及与土地密切相关的精神信仰。生活在小群体中，人们以可持续的方式狩猎、采集、开发资源。在 15000 至 20000 年前，早期人类通过陆桥从西伯利亚穿越到了阿拉斯加，到达美洲。美洲原住民的社会结构错综复杂，有小型游牧部落，也有复杂的农业文明，如玛雅人、阿兹特克人（英语：Aztec；西班牙语：Azteca）和印加人（Inca，又称印卡人）。他们的文明包括等级森严的社会制度、复杂的贸易网络、独特的文化习俗。在太平洋岛屿，早期人类定居者面临着孤立的环境、有限的资源等挑战。因此，合作、航海技能和海洋资源知识对他们十分关键，其文化习俗，包括航海传统、讲故事、艺术等在太平洋岛民社会中发挥了重要作用。早期人类社会结构的多样性，也反映了人类祖先在世界不同地区面对独特环境的适应性和创造性。地球上的不同文明就是这样形成和发展的。

　　人类自诞生之日起，就在自己的共同体内部形成各种关系，遵循着各种规范，开展各种活动，共同构建了以共同体为基础的社会关系模式，这是人类的社会关系网络形式。从历史和人口角度看，由于近亲繁殖禁忌和人口规模增长，居住在同一地方的人在人地关系紧张时就需要迁徙，寻找新的居住和生活地，使原有的共同体发生变化，形成在不同空间中有着血缘关系的共同体。这种发生在不同空间，但又具有历史渊源的共同体，构成了人类社会的组织形态，自人类产生之日起至现代，这种组织形式在不断演化。造成这种演化的原因是非常复杂的，有人口、经济、科技、社会、人文等因素。从经济方面说，随着生产规模扩大，共同体不断扩大，人们在其中发生各种关系，如，对财产占有，人们在财产中的地位以及由于财产的不同所获得的各种生产资料、生产财富差异。从技术角度说，由于工具发明，包括生产工具、交通工具、通信工具等发明，人们的生产方式、交往方式、交流方式都发生了深刻变化。面对面的交流逐步演变为在线的或不在线的交流，变成了超越时空的交流。目前，人们都似乎认识到了整个人类的人口规模、需求规模与地球的资源和承载力发生了矛盾，气候变暖、环境破坏、生态退化、生物多样性减少，等等，面对这些挑战，探索地球之外的生存空间似乎成为当前人类的一个新课题。运载火箭、星舰等航天工具应运而生，适应外星环境和能够协助人类生活的 AI 也在被制造中。航天工具和 AI 在同一个时代出现，看似偶然，其实也不偶然。

撇开远古时代不说，现在说说近代以来发生的事情。从家庭、家族这种人类最古老但又最基本、在当代社会中依然发挥重要作用的社会组织出发，以两个视角作为分析起点看当代人类社会正在发生的深刻变化。这样的分析在中国特有的文化背景下尤其有意义，"在中国，直到 20 世纪中叶，家庭一直是一个不可分割的社会组成部分"[1]。这种变化表现在组织、心态、交往方式、生活方式、生产方式诸多方面。大型购物中心和智能手机看似风马牛不相及，但实际上它们都有相同的功能，就是满足人们的生产生活，特别是日常生活需要，包括物质的、精神的、经济的、社会的，只是满足的方式不同。人们进入大型购物中心的现实空间以满足自己的需求；人们通过智能手机上的各种 App 与现实世界发生联系，它与大型购物中心一样，同样满足着人们各种各样的需求。眼下，智能手机在迭代，表现在，

---

1 艾伦·麦克法兰.理解文明 [M].荀晓雅，译.北京：中国科学技术出版社，2022：46.

华为 Mate60 Pro 增加了卫星通信功能，把人们带入无垠的太空；苹果开发出 Version iPhone，将人工智能植入手机，加强了传统移动手机的功能。华为和苹果都使智能手机进入一个新的阶段：让人们进入虚拟现实，与现实结合。而 ChatGPT 的应用使人们传统上使用的劳动工具从体力劳动逐步延伸到了脑力劳动，改变了人们在文字处理、图像等各个方面的工作方式、生活方式。把人类从部分脑力劳动中解放出来。在技术快速变革的基础上，人类共同体的组织形式发生了深刻的变化，预示着一个新时代的到来。从原始部落到新型的全球网络共同体，再到随着埃隆·马斯克的星链开发、星舰发射，人类由地球进入太空，进入其他星球，形成一个更大的星际人类共同体，甚至叫宇宙共同体。抓住这些，也就抓住了人类的未来和人类社会发展的趋势，而这一切的一切，都应归因于技术的社会塑造和社会的技术塑造。

　　人类社会的历史是一个庞大且复杂的研究主题，涵盖各种文化和社会现象。虽然人们还不能全面阐释自己历史的所有方面，但可以优先研究一些关键主题以及不同文化和社会的具体表现形式。早期的人类群体是游牧民族，为了寻觅食物、水源、住所，他们不断迁徙。他们的文化表现形式，包括洞穴壁画、岩画和口述文化，这些都是传递故事和知识的方式。在农业社会，人们定居下来，农业的发展导致永久定居点的建立。乡村共同体通常有自己的宗教建筑，如庙宇，以及坟茔，以表达人们的精神信仰和精神寄托。手工艺品、陶器、首饰和工具上都有复杂的设计，具有象征意义，反映了文化价值和审美偏好。古代不同形式的文明表现出各自的特点。在埃及文明中，古埃及人建造了不朽的金字塔和神庙，表达他们的宗教信仰，证明了权力和权威的意义，象形文字和莎草纸是他们的重要书面表达载体。在美索不达米亚文明中，美索不达米亚人，包括苏美尔人和巴比伦人，发展了楔形文字，创造了令人印象深刻的金字形城堡和城邦。印度河流域文明有着规划合理的城市和先进的排水系统，其艺术和文物展示了印度是一个复杂的社会。在地中海古典文明中，希腊人和罗马人留下了帕特农神庙、斗兽场和渡槽（aqueduct bridge）等标志性建筑奇迹，反映了那个时代的美学和工程学水平、趣味。柏拉图（Plato，前 427—前 347）和亚里士多德等希腊哲学家，以及《伊利亚特》与《奥德赛》（古希腊最重要的两部史诗，统称《荷马史诗》，相传为盲诗人荷马所作），均为古希腊思想与文学的核心代表。中世纪，封建时代的领地和城堡成为欧洲封建主义兴起的标志，城堡是贵族们的据点。大教堂和彩绘手稿是重要的艺术表达形式。中世纪的伊斯兰文明在科学、数学和文学方面取得了长足进步，产生了著名的学者和建筑师。欧洲的文艺复兴产生了达·芬奇（Leonardo da Vinci）的《蒙娜丽莎》（Mona Lisa）和米开朗琪罗（Michelangelo Buonarroti，1475—1564）的《大卫》（David）等杰作，展示了人文主义和艺术创新。伏尔泰（Voltaire，1694—1778）和卢梭（Jean-Jacques Rousseau，1712—1778）等启蒙思想家在其著作中表达了关于个人自由、理性和政府的新思想。进入殖民主义与全球互动时期，殖民主义和全球探索促进了不同文化之间的思想、艺术和技术交流。艺术风格融合在殖民时期的建筑和艺术中。殖民地社会经常通过文学、音乐和视觉艺术等各种形式表达对殖民统治的抵抗。进入现代和当代，工业革命带来了城市化和建筑风格的变化，以及工人运动和工业艺术形式的兴起。20 世纪，人类见证了两次世界大战对艺术、文学和文化的影响，推动了现代和当代艺术运动的兴起。21 世纪，数字表达形式激增，包括社交媒体、视频游戏和虚拟现实，超越了地域。文化多样性的兴起，全球化创造了一个多元文化的世界，从饮食、时尚到音乐，各种不同的表达形式在地球上共存和互动。从艺术和建筑到文学、哲学和技术，人类社会形成了丰富多彩的表现形式。这些表现形式与它们发源的文化和社会深深交织在一起，反映了其所处时代的价值观、信仰和创新，并随着社会、政治和技术环境的变化而不断发展和调整。

　　日常生活中，文化公共空间发挥了诸多功能。文化公共空间为来自不同背景的个人提供了共同的聚集地，培养了生活共同体，提高了社会凝聚力。人们可以参与对话、结识朋友或参加团体活动，为社交互动和联系创造机会。博物馆、美术馆等专门用于文化活动的公共空间，为文化交流、学习和欣赏提供了平台，展示了艺术创作、历史文物和文化展览，让人们探索和理解不同的文化、传统和艺术表现形式。公园、广场等户外公共空间作为休闲区域，人们可以在其中开展体育活动、放松自我，享受大自然。这些空间为锻炼、野餐、运动，以及其他休闲活动提供了场所，提高了人们的幸福感，促进了健康的生活方式。文化公共空间作为公共讨论和公民活动的场所，可以成为公开会议或共同体倡议的平台，为居民提供表达意见的场所，为参与决策过程和为公共话语作出贡献。公共图书馆、共同体中心和文化公共空间内的教育机构提供了获取知识、信息和教育资源的机会，为学习、研究和智力成长提供机会，促进了终身学习和个人发展。文化公共空间丰富了人们的日常生活，有助于共同体的活力发展，提高生活质量，提升归属感和认同感。

共同体与公共空间之间的关系相互交织、相互影响。公共空间在塑造和培育共同体方面发挥着至关重要的作用，共同体反过来又塑造和利用公共空间满足了人们的需求和愿望。公共空间提供了物理环境，共同体成员可以聚集和互动。公共空间作为交汇点，促进社会联系并在共同体内培养归属感。公园、广场、共同体中心和其他公共空间通常是来自不同背景的人们聚集在一起，建立社会联系的场所。公共空间也是共同体活动、公共事件和庆祝活动的场所。它们为文化节庆、市场、音乐会和其他公共聚会提供了平台。这些活动不仅有助于激发共同体的活力，还为共同体成员提供了积极参与和展示其才能、传统和文化的表现机会。精心设计和无障碍的公共空间增强了共同体内的社会凝聚力和包容性。当公共空间的设计能够满足不同的需求时，它们可以为所有年龄、能力和背景的个人创造参与的机会。包容和受欢迎的公共空间有助于打破社会疏离，培养团结感，促进社会公平。公共空间体现了共同体的身份、文化和价值观，通常融合了当地的艺术、建筑和设计元素，有助于营造地方感和独特性。通过拥有一个体现集体身份的物理空间，共同体可以加强成员之间的联系，培养对共同遗产的自豪感。公共空间为自己的成员提供了聚集在一起，表达喜乐、担忧，倡导变革并积极参与塑造共同体内发展和决策过程的机会。无障碍的、维护良好的公共空间有助于共同体的健康发展和居民福祉。促进积极生活方式和提供绿色区域的公共空间有助于共同体成员的整体福祉。公共空间和共同体具有共生关系。公共空间是共同体生活的物理环境，而共同体则塑造和利用公共空间促进社会联系，表达自己的身份，参与活动，并促进归属感和赋权感。强大而充满活力的共同体通常拥有充分利用和包容的公共空间，以支持社会、文化和公民愿望。

人类最基本的活动大多发生在家里，发生在家庭中。人们在家庭中满足基本的家庭生活、日常生活，大部分时间是在家庭里度过的。当然，人们要外出工作，又需要外出购物，购买他们所需要的各种物品，还要外出与人交往，参与各种公共活动，去各种各样的服务机构，包括社会服务、公共服务、生活性服务机构满足自己的物质、精神、社会需要。这样，人类走出了家庭，与社会产生了联系，形成了人类的关系网络。这种关系网络发生在一定的公共空间，包括社会公共服务空间。

"孤立隔膜空间"中的共同体

从山洞走出的先人，先是靠狩猎和采集植物的果实为生，后来有的族群开始饲养牲畜，开始了游牧生活，有的则开荒种地，开启了农耕生活。工业革命前的大部分人类族群以农耕为基本生产和生活方式。人类经历了数千年的农业社会，发生在 18、19 世纪的工业革命是人类历史上的一次巨大转型，第一次工业革命至今的 200 多年，这是人类历史上快速、深刻变革时期，理解工业革命之前的数千年农业社会对理解当前的社会变革意义深远。

这里以费孝通先生的《乡土中国》作为麻雀解剖，深刻理解传统的乡村共同体。从"土"中生长出来的社会，成为影响中国基层的长时段力量。1949年，中华人民共和国成立之时，中国农村人口占90%以上，中国基本是乡土社会。传统的乡土生活中，土地是农民的命根子，也是乡村中最敏感的问题之一。如费孝通在20世纪40年代观察所见："在村子里，每一方田上都有着靠它生活的人。若是有一个人要扩张他的农田，势非把别人赶走不成。一人的物质享受必然是其他人生活的痛苦。路上的冻死骨未始不就是朱门酒肉臭的结果"[1]。微观意义上的乡村生活中，土地有着严格的排他性特征，不仅耕地，宅基地也是如此。宏观上的土地问题始终是中国农村的根本问题。

"土"成为乡土社会的核心。土地不可以移动，依赖土地生计的农民被紧紧束缚在土地上，除非有大的自然、社会、经济变故，农民一般不会迁移和流动，过着定居生活。乡土社会中，定居是农民生活的常态，流动和迁移是非常态。农民定居以村落为单位，村落与村落之间在空间上相对独立，费孝通将其称为空间上的"孤立和隔膜"。这种空间上的"孤立和隔膜"使居住在同一个村落的人们形成相对独立生产和生活的圈子，加上单个村落人口规模少，村民抬头不见低头见，于是形成了熟人社会。在熟人社会里，约束人们行为的不是现代意义上的法律，而是规矩，即习惯和习俗，习惯和习俗规定了人们的社会行为和共同体秩序。这里讲的主要是传统的中国农村，尤其是那些没有受到外部力量，诸如国际贸易、城市资本、人才进入的乡村。"土"字隐含了土地在人们生活中的意义，土地的黏性决定了乡村社会的空间结构，包含了深刻文化的含义。

因为人口不发生空间上的流动，在时间上就很少发生剧烈的社会变迁。

---

1 费孝通.费孝通全集 第五卷 [M].呼和浩特：内蒙古人民出版社，2009：4.

社会继替是代代相传的同一文化，长者成为乡土文化的传播者和解释者，乡土社会的"长老统治"因此产生。传统社会中，"礼"是大家认同的行为规范。在个体出生之前，这套社会规范已经存在了，上一代人通过教化使"礼"内化于年轻一代的内心，年轻一代只要跟着年长一代"学而时习之"就可以接受社会规范，外化于行为，融入社会生活。社会规范就是如此这般在乡土社会中发挥效力的，构成乡土社会秩序的基础。规矩、习俗、道德等通过家庭、家族长者们的言谈举止潜移默化地把世世代代遵循的社会规范传承给后人，代代相传。费孝通写道："人类行为是被所接受的价值观念推动的。在任何处境中，个人可能采取的行为很多，但是他所属的团体却准备下一套是非的标准，价值的观念，限制了个人行为上的选择。大体上说，人类行为是被团体文化所决定的。"[1] 长期的言传身教把历史的、外在的规则化成了内在的习惯、规矩。习惯是生活中遵循的一定的社会规范、在长期生活中形成的不自觉行为，人们不是受外界压力，而是依据内心约束行事。乡土社会这种特有的秩序，鲜有人们上法庭打官司。在熟人社会里长大的人看来，打官司是件丢人的事情。维持礼俗的力量不在身外的权力，而是在身内的良心。所以乡土社会秩序的维护重在修身，注重克己。理想的礼治是每个人都自觉地遵守规矩。乡土社会中如果有人或有家庭上法庭打官司是家庭教育和教化不够，是不体面的，在这个意义上，费孝通将乡土社会称为"无讼"社会。乡土社会的纠纷大都通过调解来解决，这种调解是个教育、教化和矛盾化解过程。长老和士绅在其中发挥了重要的作用。这里举一个例子，国学大师钱穆的父亲钱承沛，16 岁时在县试考取秀才第一名，"为人刚直不阿，遇事秉公办理，钱氏为五世同堂大家，各家事无大小，皆来就商于其父，得一言为定。富三房凡遇家族中事，也必邀其父商量，乃至七房桥四周乡间事，几乎皆等其父主断"[2]。钱承沛是个典

1　费孝通.费孝通全集　第五卷 [M].呼和浩特：内蒙古人民出版社，2009：1
2　汪学群.钱穆评传 [M].北京：中国青年出版社，2019：3.

型的乡绅（士绅）。从这个例子里足见长老和士绅在传统乡土社会中的角色、作用，也可以窥见这类社会形态中的社会规范。

　　在《乡土中国·差序格局》中，费孝通提出了著名的"差序格局"这一至今影响中国社会学的概念。"差序格局"是发生在农业共同体的社会关系模式，即遵循着传统的人伦规则，个体以自己为核心，以生活在一个很小区位上的家为单位，自己、家庭或家族是社会的核心，人们的社会空间是从家庭往外拓展。理解"差序格局"需要理解和把握文中谈到的两个概念：中国乡土社会和现代西洋的社会。在分析当时中国结构的特点时，费孝通在对中国和西方的社会结构进行分析是跨越时空进行比较的：发生在不同空间结构上的不同发展阶段的社会特征。在比较中，费孝通发现了中国的"差序格局"和西洋的"团体格局"。中国当时处于农业社会发展阶段，西方处于工业化阶段。正如，在《乡土中国·后记》中，费孝通参照了美国人类学家米德的《美国人的性格》进一步作解释：最早来到美洲大陆的不是拓荒的农民，而是逃避迫害的新教激进派和追求厚利的投机商人。这就注定了拓荒时期的美国经济社会发展不会是简单的传统的农业社会发展模式。在这个意义上，"差序格局"和"团体格局"是对不同发展阶段的社会结构的表述，就当时的时空来说是同时发展的两种不同的社会结构，这样理解和解释才会使"差序格局"的含义更加具体。两个概念反映了当时东西方社会结构的差异。

　　在《乡土中国·差序格局》这部分，费孝通主要讨论了乡土社会的家庭结构和模式。乡土社会里，以家庭、家族和共同体为核心基层社会秩序和社会关系模式成为人们公共生活和社会生活的基础。作者认为，中国乡土社会的基本社群，准确地说，应当叫作"小家族"，因为差序格局的社会结构，人们通过亲属的伦常组合社群，经营各种事业，使家具有氏族性。乡土社会中，家族可以发挥政治、经济、宗教等功能；由于承担如此多的社会经济功能，家庭规模不能太小，必须超出亲子的范围。在这个意义上，家又是一个事业单位，事业的大小决定了家的大小。为了履行各种经济社会功能，就有了家规、家法。夫妻之间需要相敬如宾，父子之间需要负责和服从。在这样的社会里，各种矛盾纠纷、生老病死大都通过家庭、家族和共同体来解决。家庭、家族乃至传统的共同体构成了人们社会生活的公共领域。在这样的经济社会环境中，不存在严格意义上的失业，但会存在隐性失业。家庭、家族和共同体的帮助可以把剩余的劳动力淹没在隐性失业之中。维护公共利益，使个人社会生活得以维持，乡土规定了公共活动的社会规范。这些社会规范内化于心，就成为了习惯。成为习惯的文化是骨子里的东西，是经过家庭和共同体不断倡导，最终是经过公众筛选、必须严格遵守和无意中不得不遵守的社会秩序。

在《乡土社会》一书中，费孝通还讨论了乡土社会的秩序基础——社会规范，或者叫作"礼治"。社会规范就是在乡土社会中这样发挥效力的，构成乡土社会治理的基础。费孝通也看到，对于快速变化的工业和城市化社会，乡土社会的"礼治"就不能完全奏效。这时，正式的社会规范就产生了，也就是法律。社会规范是典型的社会学概念，指的是作为人们的行为准则如何在社会中发挥维持社会秩序的作用。社会规范分为正式的社会规范和非正式的社会规范。法律是一种行为规范，但它是正式的社会规范。乡土社会的"礼治"是非正式社会规范，这些非正式的社会规范构成了乡土社会的基本秩序。进入城市化社会，非正式的社会规范需要通过各种正式的社会规范不断得到强化，最终潜移默化为人们的日常行为规范，成为维持社会秩序的长时段力量。这里就进一步延伸出"无讼"这一秩序模式。乡土社会秩序的维持依靠规矩、道德等非正式社会规范。乡土社会的规矩、习俗、道德等通过家庭、家族长者们的言谈举止潜移默化地把世世代代遵循的社会规范遗传给后人。生活的方方面面都有着社会的规范和规矩，常言道：站有站相，坐有坐相。就是对规矩细致化的描述，长期的教育把外在的规则化成了内在的习惯。20 世纪 40 年代，费孝通写这本书时，中国农村正处于大变革时代，新的司法制度也已经开始向乡下推广，礼治社会开始向法治社会转变，乡土社会如何适应司法制度，还需要观念上的创新与变革。大多数情况下，法律秩序需要社会规范为其价值基础，在一个没有社会规范的社会中，法律秩序难以得到贯彻，因此法治国家建设必须与法治社会建设同步。这些年来，中国一些地方基层组织探索"无讼共同体"建设，通过邻里、共同体调解等方式化解那些本希望或计划通过诉讼解决的坊间矛盾和冲突，这不单纯是对历史的回归，更是在新发展阶段上探索社会秩序的最佳途径和方式，在深层次上展示了好社会的标准是什么等一系列深刻而又有重大理论意义的问题，值得在历史和现实的基础上从学理上给予深刻诠释。

以上深度分析费孝通先生描述的《乡土中国》，如他自己所言，"可以想象，在现代工业化和城市化之前，所有社会都是这个样子的。也很容易认为这是早期'部落'社会与近代'现代'社会之间的必然阶段。例如，马克思和马克斯·韦伯就提出了这是文明的秩序，在我生命的早期，我和其他人一样，接受了这个顺序"[1]。是的，《乡土中国》大致可以告诉人们人类在工业化之前社会的样子，但是各国由于特定的历史和文化的差异，也表现出各自的特点。从费孝通的《乡土中国》一书看到，乡土社会以家族、共同体、村落为基础，构成了基层社会单位，人们通过日常交往形成面对面的社会交流，"熟悉是从时间里、多方面、经常的接触中所发生的亲密的感觉"[2]。这里的"经常的接触"就是面对面的亲密空间。在《乡土中国》中，费孝通不断使用"时间"和"空间"概念诠释乡土社会的基本特征、乡土社会的社会模式和社会关系。在他看来，乡土社会的文化和治理不仅发生在时间和空间中，它们的发生也创造了空间和时间。在费孝通看来，发生在时间和空间中的社会关系模式，包括熟人社会始于时间上的经

1　艾伦·麦克法兰.理解文明[M].荀晓雅，译.北京：中国科学技术出版社，2022：126.

2　费孝通.费孝通全集　第六卷[M].呼和浩特：内蒙古人民出版社，2009：11.

常接触、熟人社会形成于特定群体（比如村落）在空间上的"孤立和隔膜"。针对这种变迁中的时空特征，费孝通提出了自己的理解，在时间和空间中应对社会的变迁必须实施社会计划进行干预。在乡土社会，"由于缺乏经验，年轻人可能不会理解老年人的心情，但是年长的人必定可以在时间上预知年轻人即将遇到的事情。在相对孤立隔膜的共同体，知识是通过时间序列展示的。这种情况也发生在其他社会的相同阶段"[1]。对于这种在"孤立和隔膜"的共同体中形成的教化模式，尼尔·弗格森（Niall Ferguson）评论说："不管它在哪里发生，社交网络都稳稳地服从于等级的特权。读写能力在那个时代是一种特权，因为大部分普通男女都在辛勤地工作，他们住在村子中，与自己最近的邻居都会产生'横向绝缘'。"[2] 这些，都道出了传统共同体的时空特点。举个例子进一步分析，在中国清代，"基层社会的主要构成要素有三大系列社会组织。官方出面组织的、作为上层统治伸向基层的触角、与法定共同体相适应的里社保甲坊厢系统系列。自然形成、与聚族而居的自然共同体相对应的家庭宗族乡族相助系列。同样自然形成、与互动共生的经济共同体相对应的经济型乡族组织及行业组织系列"[3]。这段分析中，既道出了基本共同体的特征，也道出了它的外部环境。在传统村落中，人们相互交流，有事在共同的地点一起商量，或者在家里，或者在街头，面对面，这是非常现实的时空。共同体形成于基层人民的生活。

由血缘向地缘关系转型的共同体

"孤立隔膜空间"中的乡土社会随着人口增加而出现了人口迁移。《乡土中国·乡土本色》篇从中国社会基层探索乡土中国的固有特征。开头费

1　丁元竹.《乡土中国》的时空认知方式 [J]. 社会 .2020（6）.

2　尼尔·弗格森. 广场与高塔 [M]. 周逵，颜冰璇，译 . 北京：中信出版社，2019：11.

3　吴琦.明清地方力量与地方社会 [M]. 北京：中国社会科学出版社，2009：151-152.

孝通讲到乡土社会由于面临前所未有的外部力量冲击而发生急剧变迁，但声称不将这种变化作为讨论的重点，而讨论的重点放在乡土社会固有的特征上。在不流动的乡土社会，血缘关系衍生出来的家族居住在同一共同体，血缘关系与地缘关系基本上是重合的。有着相同血缘关系的人们世代繁衍，就像一棵树深深扎根于同一个地方，盘根错节，形成千丝万缕的社会关系。当然，乡土社会的地域是有限的，空间是不变的，经常变化的是血缘关系基础上的人口繁衍和人口规模的扩大。随着人口规模不断扩大和土地的限制，拥有血缘关系的人们不得不外出寻求新的生存空间。外出的人们一旦在新的地缘空间居住下来，就与原来的家族发生空间上的隔膜。但地缘隔膜并没有改变他们之间的血缘关系。籍贯不是空间关系，而是血缘关系，是"血缘的空间投影"。从血缘到地缘关系是一个根本性变化。血缘社会通过血缘和亲情维系。现代地缘关系是从商业经济里发展出来的社会关系，契约是地缘关系的基础。工业化、城市化、人口流动改变了传统的空间关系模式和利益关系模式。利益关系成为人与人之间关系的核心，旧的社会秩序打乱了，新的社会秩序正在建立过程中。但现代乡村关系，缺乏有效的治理工具，缺乏基本的价值准则。因为缺乏基本的价值准则，法律规则得不到有效执行，造成了人们之间关系的混乱，尤其在发生利益冲突时，这种关系极容易演化成外部冲突，甚至出现血腥案件，这在现实生活中较为多见。换句话说，乡土社会在旧的礼俗关系被破坏之后，并没有形成新的法治关系和适应现代生活的价值准则，这是乡村社会的根本问题之一。最为关键的是，生长于"土"地环境中的人们，随着人口转移、产业发展、城镇化进程加速，土地问题成为农村中的核心问题。费孝通说："乡土重建有一个前提就是要解决土地问题。为了要说明土地问题的严重性，我提出了一种看法：中国的土地制度在传统经济中其实早已伏下了病根。"[1] 在此，费孝通已经把自己最初对人文区位的文化理解上升为社会体制的认知。由

---

1 费孝通. 费孝通全集 第五卷 [M]. 呼和浩特：内蒙古人民出版社，2009：136.

此可以理解为什么斐迪南·滕尼斯（Ferdinand Tönnies，1855—1936）在人类社会从农业社会向城市社会大转型时期要区分共同体与社会了，甚至可以延伸到早期的中国社会学家严复为什么要把国外的社会学翻译为群学。在早期学术研究中，共同体与社会表述了不同社会发展阶段和不同社会形态。无论是斐迪南·滕尼斯的"共同体"与"社会"，还是费孝通的"血缘的空间投影"都折射了人类在生产发展基础上的空间迁徙带来的社会结构变迁的趋势。

　　人口向城市集中，会带来血缘和地缘关系的变化，在《乡土中国》的"血缘和地缘"部分，费孝通分析了这种变化：在不流动的乡土社会，血缘关系衍生出来的家族居住在同一个地方、同一个共同体，血缘关系与地缘关系基本上是重合的。有着相同血缘关系的人们世代繁衍，就像一棵树深深扎根于同一个地方，盘根错节，形成千丝万缕的社会关系，费孝通将其称为"细胞分裂"。当然，地域是有限的，空间是不变的，经常变化的是，血缘关系基础上的人口繁衍和人口规模的扩大，随着人口规模不断扩大，拥有血缘关系的人们不得不外出寻求新的生存空间。但由于土地资源限制，每个家庭向外延伸都受到约束，所以为了生存，不得不追求在土地上的精耕细作，提高生产效率。随着精耕细作效率的递减，部分人还是不得不外出寻找地缘空间。外出的人们一旦在新的地缘空间居住下来，就与原来的家族发生空间上的分裂。但地缘上的分离并没有改变他们之间的血缘关系。费孝通专门讨论了"籍贯"问题，说明血缘关系是如何保持的。籍贯不是空间关系，而是血缘关系，作者将其称为"血缘的空间投影"。血缘社会通过血缘和亲情维系，亲情关系之间通过相互馈赠方式交换物品。现代地缘关系是从商业经济里发展出来的社会关系，契约是地缘关系的基础。从血缘到地缘关系是一个根本性的变化。人口从农村流向城市，社会秩序也会发生变化，乡村从静止进入动态。《乡土中国·名实的分离》做了这样的描述：与都市社会比较，乡土社会的结构变迁、生活节奏、工作效率是比较低下的，社会环境相对固定。费孝通在形容这种缓慢变化状态时，将其形容为父死三年之后方能看出其变化。缓慢的社会变迁不会引起激烈的利益冲突和剧烈的社会结构变动。快速变化的社会中，各种社会规范会难以适应新的社会现实，传统意义上的"父父子子"会变得"父不父，子不子"，长老权力也随之微缩，名实不符。在长老统治的权力结构下，传统的社会规范不容置疑，至少必须得到表面上的认同，实际行动中可以变通，这未免出现表里不一、口是心非等现象。剧烈变动的社会环境下，传统大家庭中的家长意志表面上还是不容违背，事实上子女的越轨行为则时常发生，虚伪做作不可避免。人们对不切实际的教条或戒律既然不能公开反对，只好加以歪曲，保留面子上的服从和里子上的抵制。面子上的服从就是表面的无违，名实的脱节。名实之间的差距会随着社会变迁速度不断扩大。在完全不变的乡土社会里，这种名实分离现象不会发生，对长老统治的权力结构会绝对服从。但在急剧变迁的社会中则完全不一样，地位与权力，以及"名与实，言与行，话与事，理论与现实"，都会出现脱节。

从 18 世纪末期的工业革命开始算起，人类社会从农业社会向工业社会、农村社会向城市社会的转型也不过仅仅 200 多年的时间，与漫长的数千年农业社会比较，短短 200 多年的工业社会，人类却经历了三次工业革命和正在进行第四次工业革命。200 多年的技术创新引发的经济社会变革之深刻、影响之深远怎么想象都不过分。

第二部分

技术定义的共同体

技术定义的共同体

智能技术迭代下的共同体

技术进步在人类共同体进化中发挥了决定性作用，从发明石器和篝火开始便是如此。如前所述，18 世纪以来，世界发生了多次产业革命，每一次科学技术和产业革命都深刻改变了世界发展的面貌。科学发现、技术创新、产业革命对世界发展面貌的改变表现在社会的诸多领域。从社会空间和社会变迁视角看，技术发明不断改变着人类交往的时空结构，信息、情绪、行为通过人际网络传播和发生。信息技术、数字技术、人工智能的迅速发展对人类共同体的影响将会是空前的，有些目前还是不可预测的。

真正改变人类交往方式及其时空结构的是信息和智慧技术。ChatGPT的出现并迅速进化，使得人工智能成为持续的热门话题，人们或褒或贬，亦爱亦怕，各持己见。不可否认，社会正步入深度学习、人工智能新阶段，人类正在迈入智慧社会。在这样一个新阶段，反思信息技术快速发展带来的社会变革及其趋势刻不容缓。

在传统社会里，人的社会行为和社会关系发生在时空中，并由时空结构界定。理解人们的空间活动离不开帮助人们交往交流的通信工具和交通工具。人离开私域进入公共领域的行为首先表现为空间中的移动，或者步行，或者搭乘各类交通工具，这必定消耗一定的时间。人类从原先基本孤立隔膜的共同体走向全球化的、虚实结合的智慧社会是基于各种互联技术的发明。电报、电话出现，火车、飞机发明，人们之间的空间联系发生越来越多、越来越大的变化。由铁路和电报电话主导的物理空间革命重新定义了始于农耕时代的人际关系、交流方式，这深深震惊了 18、19 世纪的人们。随着技术发明、交通工具革新、人口规模扩大，以及受土地资源限制，人类不断迁移，形成城市共同体、大型城市带。在城市中，共同体作为基本单位和社会基本组织。整个一部人类历史就是人们共同体的社会生活史和人口分布的时空变迁史。

互联网出现后，人们产生了在虚拟空间中的交流交往交融，通过虚拟空间交流实现物品供给、服务提供。无线网络让个人摆脱了物理空间的约束，重新定义了社群。计算机和万维网带来了一种新的看似矛盾的东西——个体化的社群："'位置'在移动世界里不复存在，移动技术让人们不需要亲临现场，也能'在场'。"[1] 人们可以在任何地方，尤其在自己的家中工作。移动终端正在创造历史，使人类社会重返工业革命前的那个工作和生活紧密交织的时代，只是不完全面对面的。历史总是在螺旋式中进步，每次都在更高层次上。"19 世纪的互联网通过克服距离和时间的限制，改变了实体互联的本质。20 世纪的网络引入了计算数学，通过一个将网络连接的网络，以逐渐降低至零的成本，实现了几乎所有信息的互联。"[2] 这段话中提及的 19 世纪的互联网是指火车、电报等工具。20 世纪的网络则是指在线。在线是信息社会发展历程中的关键环节之一。这里说的在线，是指大数据形成，是双向在线，数据积累要在线，输出必须在线。互联网环境下的在线，是一种线上体验。在线上，人们形成了新型社会关系，包括工作关系、机构设置、家庭关系、友谊表达、消费方式，所有这些都因互联网连接到了一起。短短几十年，中国社会实现了从传统农业社会向现代社会的转型，

1　汤姆·惠勒.连接未来：从古登堡到谷歌的网络革命 [M].王昉，译.北京：北京时代华文书局，2022：213.

2　汤姆·惠勒.连接未来：从古登堡到谷歌的网络革命 [M].王昉，译.北京：北京时代华文书局，2022：147-148.

"30 年来，与国际社会相比，与当今社会相比，中国从一个欠联结的国家，经历了弱联结、弱到强、强联结的过程，正在成为一个引领全球十亿人同时在线、以数据驱动的超联结社会"[1]。日本日立东大实验室将这种现实与虚拟集合的社会形态称之为"社会 5.0"，这种社会形态"追求的不只是个别系统的虚拟物理融合，而是全社会的网络空间与物理空间（现实世界）的融合"[2]。这样的在线状态改变了人与人之间的关系，形成了现实与虚拟结合的社会形态。与他人之间的联系，可能是一种展示个人关系的方式，也可以映射个人的品位、交友的兴趣、共同关注的话题，甚至生活需要交换交流的观点、需要解决的问题，等等。社交网络将人们联系在一起，并演变成人们生活的空间，一个充满搜索、视频、音乐、电话、游戏、自然语言处理、图像处理的社会性平台。不仅如此，互联网时代的精神生活也表现在网络空间分享中，这是互联网社会化的重要因素之一。将每个人联系在一起是网络创立和发展的前提，是非常有重大历史意义的创举，"事实证明，针对每个人的私人生活的广告是有利可图的，新闻摘要按时间逆序展示的机制非常适合移动计算机技术的未来时代。但如果扎克伯格没有成长为有这种认知的商人，敢于去尝试这样一场赌博，那么这一切都是不可能的。他这样做，成就了我们这个时代的创业故事"[3]。在这个时代，创造历史故事的不仅仅有扎克伯格，还有许多敢想敢干的人，他们人才辈出，不断迭代科学和技术。这是一个需要人才也产生了人才的时代。

互联网改变了世界，技术改变了社会，有时人们自己没有感觉到，无动于衷。一个时期，人们对互联网应用引起的社会变化，网络使用铸造的社会关系模式、聊天交往方式需要进行深度思考。眼下，人们对人工智能

1　方兴东，等.中国互联网 30 年：一种全球史的视角——基于布罗代尔"中时段"的"社会时间"视角 [J]. 传媒观察，2022(12).

2　日本日立东大实验室.社会 5.0：以人为中心的超级智能社会 [M]. 沈丁心，译.北京：机械工业出版社，2020：10.

3　布莱恩·麦卡洛.互联网进化史：从地下室革命到上帝手机 [M]. 桂曙光，译.北京：中信出版社，2023：324-325.

技术的发现、发明、应用更是令人惊喜不已。2023 年，人们为通用语言大模型震惊，2024 年，人们呼唤边缘 AI，科学技术从来没有像今天这样日新月异，日益融入人们的生活。互联网社群、人工智能的应用要求人们遵守相应的道德规则，在分享信息、传播知识、运用知识过程中同样如此。要想使互联网社群、人工智能应用取得效果，人们必须遵守认知规则和知识传播规则，做到理性、平和。事实上，"当志同道合的人在最早的网络上结识彼此的时候，群落意识就出现了"[1]。信息社会的基本标志之一，是科技公司迅速发展成为了新闻发布平台和社交平台。换句话说，信息社会就是科技公司变成了新闻发布与社交互动交互的强大平台，这种结合形成了强大的社会力量，在此前，这是不可想象的。与此同时，人们习惯了网上购物，过去的已经过去了，永远不会再变回来了。美国发生的情况更早，"脸书已经不仅仅是互联网上的社交网络。它改变了网络本身，就像扎克伯格所说，使之变得'更社会化，更个性化，也更容易语义认知'。脸书同样允许学术研究人员接触其信息宝藏，体现了'更自由、更透明的信息流将更有益'的硅谷特色信念"[2]。社交网络变成了更加国际化的社交广场，它可以跨越不同国界，表达不同心声，创造出人际交往的欢乐气氛。这种交往很多甚至可以变成现实生活中的友谊，它使每个人都变成了记述者、表达者、哲学家、行动者——哪怕他们的行动只不过是点个"赞"，这也将产生心理上的共鸣和交流。眼下，每个人、几个人只要愿意就可以组建一个网络社群，大量网络社群充斥移动终端、PC 机，有些有用，有些没有用，有些只发挥了传播信息的作用，没有体现社交功能，变成"僵尸"社群的也为数不少。移动设备成了新网络的节点，它们接收数据，处理数据，储存数据，移动终端上的流量已经高度个人化，通过万维网，又构成了网上

1　玛格丽特·奥玛拉. 硅谷密码：科技创新如何重塑美国 [M]. 谢旎劼，译. 北京：中信出版社，2022：277.

2　玛格丽特·奥玛拉. 硅谷密码：科技创新如何重塑美国 [M]. 谢旎劼，译. 北京：中信出版社，2022：402.

的巨大虚拟空间。"在新网络中，基于网际协议的传输并不是从一个中心点向外辐射，而是通过多个分散在网络边缘的点传输。经济活动也随之发生了迁移。从那些远离大型实验室、在车库里白手起家的创业者，到全球市场相连，在自家后院儿里精雕细琢的手工匠人，个体的经济独立性曾因集中式网络消亡，如今又因分布式网络获得了新生。……在很多情况下，新网络的中心都被推到了它的最边缘：个人。"[1]"20 世纪 80 年代由国际商业机器公司（IBM）和苹果公司（Apple）推出的个人计算机，永久性地改变了人们工作和娱乐的日常习惯。"[2] 现在，人们已经在谋划把像 ChatGPT 这样的大模型推向边缘 AI，向 PC 端、移动端转移，目的是便利个体应用，实际上大大推动了 AI 的市场化。边缘 AI 仿佛正在再现互联网和 PC 机的历史，正在引起一场新的产业革命，发生在 20 世纪后期至 21 世纪初期的那场革命通过互联网、PC 机、移动终端把世界变成了互联的虚拟共同体。当处在不同国家、操持不同语言的人们通过 AI 移动终端直接对话，AI 的自然语言翻译系统消除了不同语言之间的障碍，未来的世界将发生什么？它需要人类改变什么？难道不需要深思吗？

　　人们一度把现实与虚拟分成两个不同的世界、两种不同的社会形态。技术进步正在打破这种划分，"虽然许多重要的元素仍然缺失，例如真正的身体、触摸、吃喝、出生和死亡等，但是，很多这样的局限性将被未来的完全沉浸式模拟现实技术克服"[3]。由于种种原因，人们在线上授课、开会，现有设备缺乏现实感、互动感，未来，沉浸式模拟现实技术将会改变这种局面。进入 21 世纪以来，人工智能科学家开始研究一种新的虚拟世界，一个数字游戏环境，他们设计的人工智能软件可以通过深度学习在个人

1　汤姆·惠勒.连接未来：从古登堡到谷歌的网络革命 [M].王昉，译.北京：北京时代华文书局，2022：231.

2　尼尔·德格拉斯·泰森.星际信使：宇宙视角下的人类文明 [M].高爽，译.北京：中信出版社，2023：51.

3　大卫·查默斯.现实＋每个虚拟世界都是一个新的现实 [M].熊祥，译.北京：中信出版社，2023：18.

计算机终端帮助人们尝试做人类可以做的任何事情。"虚拟实体是数字实体，来源于计算机处理和信息化过程。简单地说，它们由位元（比特）构成。它们是完全真实的事物，存在于计算机中，建立在某种位模式基础上。"[1] 眼下的头盔可能大了一些，也不方便，未来一定会发生改变，"计算机为我们创造出沉浸性越来越强的虚拟世界，我们只需戴上虚拟现实（Virtual Reality，VR）设备，便可以尝试体验新的社会性别，飞跃城市上空，或者一骑当千消灭邪恶势力"[2]。纵观 20 世纪中叶以来的进化，从计算机、互联网、云计算、人工智能的发展历程似乎感觉到了机器人的进化与碳基人进化有着某些类似性，都曾经历了由个体连接成网络，且网络不断扩大，知识不断积累，思维能力不断提升，等等。"在下一个 100 年内，我们也许可以相当精确地模拟人脑和行为。在那之后，我们也许能够对整个人类社会进行合理的模拟。最后，我们将能够模拟太阳系甚至是宇宙，从原子层面到宇宙层面，应有尽有。"[3] 或许这不需要 100 年。ChatGPT 的出现，让人们感到似乎不用 100 年的时间，机器就能精确地模拟人脑和行为，甚至社会，正如萨姆·奥尔特曼（Sam Altman）感觉到的，智能摩尔定律正在形成，且其发展速率快于算力摩尔定律，2023 年，黄仁勋 [Jensen Huang，美籍华人，英伟达（NVIDIA）公司创始人兼首席执行官] 领导的英伟达在 GPU 上的数次迭代就说明了这一点。目前的软件是数字化的、算法的，而现实世界既不是数字化，也不是算法，在一定意义上表现出不确定性和呈现模糊状态，未来的机器人可能是虚拟与现实社会有机结合起来，使人类感受到人与人工智能一体化，埃隆·马斯克正在进行这样的尝试。社会理论必须不断理解人类社会进步与技术演进过程的复杂性及其某种程度上的一致性，

1　大卫·查默斯.现实 + 每个虚拟世界都是一个新的现实 [M].熊祥，译.北京：中信出版社，2023：15.

2　爱德华·阿什福德·李.协同进化：人类与机器融合的未来 [M].李扬，译.北京：中信出版社，2022：25.

3　大卫·查默斯.现实 + 每个虚拟世界都是一个新的现实 [M].熊祥，译.北京：中信出版社，2023：25.

深入探究其机理，创新对社会的理解和解释。人文社会科学工作者必须掌握数字技术和智能技术，这种掌握的关键不是掌握技术本身，而是从中理解其社会原理，碳基人类的社会原理和机器人的社会原理。未来，建立在现实空间和虚拟空间基础上的虚实结合的共同体有巨大的探索空间，既需要在实践中不断完善，也需要不断挖掘其理论内涵。人类将不断推动技术发展提升自己的社会网络，人类已经进行了多次重塑自己网络的变革，通过造纸、信件、火车、电报、跨海旅行、电话、互联网、社交媒体，等等，未来还将发生更大的重塑。

现实中，与上述实体时空改造创新相对应的是，人们通过互联网创造了各种虚拟空间，诸如邻里圈（大邻里圈、小邻里圈、专题活动圈，包括广场舞活动组织网络群，等等）、朋友圈、购物圈等。虚拟空间与现实空间结合，成为现代共同体的新构架，现实空间与虚拟空间交叉、现实问题与虚拟问题交织，通过网络舆论反映出来，在现实生活中表现出来。这是现阶段人们必须面对和解决的问题。从学术研究角度，可视网民组成的虚拟社会组织为虚拟草根组织，它对应着实体意义上的共同体、社会组织。智慧技术已经对接居民日常生活。随着互联网等通信技术的快速普及和应用，在当下，讨论共同体的底层逻辑，必须考虑新生代的特点。社交媒体是 Z 世代展示自己生活、发表自己观点的个性主场，是他们探索未知世界、认识未来和结交新伙伴的时空。由于在互联网环境下成长，这代人有着极高的感官和视觉享受感知度，相对于文字表达而言，他们更习惯于 AR 和视频影像化的表达方式，他们通过图像交流的可能性远远高于文字交流：更善于借助 AR 镜头、滤镜、emoji（日语：絵文字 / えもじ，是日本在无线通信中使用的视觉情感符号）表情符号、视频换脸和短视频等数字工具展示自己，开展交流。放眼全球，无论在用户规模还是用户黏性上，Snapchat（色拉布）在 Z 世代年轻用户中具有明显优势，他们甚至被视为 "Snapchat 一代"，拉开了与上辈们的代际距离。他们既是 AR 内容的主体用户群，也是 AR 产品创作的主要生产者。关注 Z 世代就是关注未来社会的发展。

传统社会组织因互联网的广泛应用正在发生深刻变化，由个体组成的互联网以及无数终端组成不同类型的社群成为当代社会的组织形式。公共事件的发生往往伴随着网民在社交媒体上的讨论、冲突，个体在各自终端和各自网络社群中把现实生活展示出来，把自己的观点、思想、感情表达出来，引发社会矛盾、心理冲突，也达成社会共识，形成共同诉求，塑造了虚拟空间中的社会生活。在互联网游戏领域，"仇恨攻击"时有发生，这需要玩家彼此保护，也需要游戏开发者做出更多的技术改进。互联网构成以个体为基础的全球社会，把握新时代社会的底层逻辑需要探索这种以个体为基础的全球社会和全方位治理方式。在社交媒体上建设起来的全球社会具有扁平化、分散性特征。新闻、媒体、舆论的影响力远远超过传统主流媒体，其影响的是人们内心、行为，改变的是传统意义上的社会形态。现时代社会生活和社会问题都不是单方面的社会生活和社会问题，同时也是技术问题，并因技术进步日趋复杂化。

在现代工业社会，微型共同体与宏观共同体共同构成人类命运共同体。凯文·鲁斯（Kevin Roose）将它们称为"大网络和小网络"。小网络，比如"'偶然的互动'，比如在自助餐厅或在咖啡机旁排队的员工之间随机、偶然的相遇，这通常会引发新奇的对话和意想不到的想法"[1]。"小网络"是指，在社会中，特别在微观群体中存在的社会组织形态，诸如关系、共同体服务中心、共同体联合组织，以及为员工提供服务福利的机构、邻里关系、朋友团体，它们发挥着为人们提供工作和生活交流的功能，在解决社会问题中发挥重要作用。[2]他讲的"大网络"，是指可以缓解社会矛盾、社会冲突的大规模社会发展规划、社会政策，诸如医疗体系、社会保障体系等。

1　凯文·鲁斯. 智能时代的九大生存法则 [M]. 桂曙光，任溶，译. 北京：中信出版社，2023：161.

2　汤姆·惠勒. 连接未来：从古登堡到谷歌的网络革命 [M]. 王昉，译. 北京：北京时代华文书局，2022：181-182.

这些战略、政策、体制的建立，对化解社会矛盾和社会问题的解决有很好的帮助。这里讲的大网络实际是国家意义上的共同体，只有国家才能实施大规模社会发展规划。这正是人类目前的生活状况和实施的社会政策。

机器人与就业、ChatGPT 与知识生产正在引发一系列新的社会政策问题。诸如，人工智能环境下的社会保障体系、政府税收政策、政府治理职能、教育体制改革，等等。智能技术迅速发展，智能生态下社会整合加速，需要社会学、经济学、数学、物理学、计算机科学、人类学等核心学科的研究成果，在综合聚焦问题的基础上，建立综合决策体制机制，推动社会治理、社会政策等领域的基础理论创新。不久的将来，人们会认识到，ChatGPT 的出现和演化对历史学和社会学等学科研究的影响是不可估量的。

不仅技术在快速发展，社会运行机制也在发生深刻变化，社会运作方式已大不相同，社会关系模式是全新的，且界限模糊，不确定性加大。人工智能的不确定性更是自其诞生以来就存在着，一旦其进入决策系统，必定是革命性的，因为它本身具有智能，且有不确定性。因此，对于什么情况下的互动会带来问题，或者如何界定网络产品滥用，已成为新发展阶段社会秩序面对的新情况。这不仅关乎政府主管部门的政策制定和政策实施，也关乎社会秩序及国家为了实现社会健康发展而制定相关的指导原则——将大大不同于传统社会的规则。为实行技术进步制定新的社会政策，就需要了解社会在智慧生态下是如何变化和如何运作的，它与传统社会有什么不同。互联网，特别是移动互联的快速扩张，使用户发展到了令人难以置信的规模：人手一部手机，整个社会发生了深刻变化。数字产品越来越吸引人，使人们越来越把更多的时间用于数字产品，比如社交网络、短信、游戏、抖音、ChatGPT 等。受时间刚性约束，人们使用这些网络产品，就不再可能去使用其他产品，或用更多时间去读书、交友、增进亲情。在某种程度上以及事实上，一些人被互联网俘虏了，这种现象将导致社会关系模式的深刻变化，造成传统意义上的共同体边界的消失。例如，某一产品，通过社交网络，通过互联网市场进入共同体，与传统共同体形成互动，嵌入共同体生活，这类现象已经变得非常普遍，某种程度上实现了现实时空与虚拟时空交织。

融合实体和虚拟的共同体

数字化时代的社会生活，社群合作、平台协同、智慧互动、共创分享已成常态，人们必须通过集体活动完成各种活动，独立封闭的个人无济于事。"随着移动互联网的发展与智能手机的日益普及，用户众多、功能多元、服务多样的网络平台发展迅速，互联网公司在技术、用户、效率、资本等四种力量的驱动下，将人、物和数据汇聚在一起，内容和用户集中度进一步提升，给人们的工作生活带来重大影响，也给网络信息内容的生产传播带来革命性的重构与变化。特别是新冠疫情发生以来，网络平台作为社情民意集散地的作用凸显，成为影响社会舆论走向的重要力量。"[1]随着经济转型升级和人民生活水平提高，特别是互联网、AI 技术的普及，社会从传统代际关系逐步形成在互联网基础上的新型代际关系。这种新型代际关系由于知识生产方式发生了根本性变化而改变着传统乡土社会长老统治形成的社会构架，人们不能再用过去那种简单的"乡土社会"思维来理解当代的社会结构。

互联网基础上社会扁平化趋势已经在形成，人们在互联网基础上处理各种公共事务、社会事务、日常生活、人际关系等，进行交流交往交融。基层社会组织通过互联网、服务平台、治理平台与居民建立广泛的联系，随着平台不断升级，网络化会不断扩大。这样，原来赖以交流的面对面方式会相对减少，基层社会组织与居民之间、干部与居民之间的面对面交流

1　谢新洲.关于"十四五"期间网络内容建设与新媒体管理的建议 [J]. 网络传播，2021(4).

会越来越少。"快手、抖音等短视频的兴起，极大地降低了网络内容创作生产与传播的门槛，让更多的基层群众也可以通过互联网分享生活、表达观点、抒发情绪。随着县级融媒体中心建设和数字乡村建设的全面展开，县域基层政府与人民的互动渠道更加丰富，互动方式更加多元，增进了基层政府与民众的网络连接和情感纽带。互联网平台下沉带来了基层草根力量的崛起，网络内容的人员聚合与话题分化同时进行，既给网络文化生活和网络内容建设带来新的机遇，也给网络内容治理提出新的更高要求。"[1] 中国拥有世界上最大规模移动互联用户和众多的互联网技术手段，诸如微信、微博、游戏等，它们已经成为人民群众的生活方式、生产方式的一部分，也使中国随着互联网发生深刻变化而变化。寄希望于中国的 AI 算力迅速发展，大模型快速开发，尽早进入人民生活，再造中国 AI 的新时代。

基层居民面对面的交流、密切的邻里关系、微信社群，客观上培育了相互信任的社会关系，成为基层社会治理的诚信基础，是开展基层活动、满足个人生活需求、解决个人和群体生活的重要途径。要因地制宜，根据各地基层社会发育情况，培育基层社会关系，推动基层服务体系发展和完善。在更高层面完善家政等服务业的相关政策，加大补贴力度，保障从业人员的劳动权益，完善基层诚信体系，对失信企业、服务员实施综合惩戒，营造诚实守信的基层服务业发展环境，不断提高各类服务业从业人员的积极性和服务水平。

基层社会，既包括人民群众生活的家庭、共同体、邻里，以及在生活过程中所形成的面对面的交往交流交融，也包括在这个过程中的各种公共活动、社会活动，它们构成了人民群众的物质生活与精神生活的共同体。与此同时，个体因为身处互联网时代，与绝大多数居民一道成为互联网用户，成为互联网平台终端，形成了扁平化、网状化的社会结构。这种社会结构是新形势下社会发展的新特点新趋势。这种虚拟化的社会形态与现实

1　谢新洲.关于"十四五"期间网络内容建设与新媒体管理的建议 [J]. 网络传播，2021(4).

生活中的家庭、共同体、邻里等实体社会交织在一起，构成当代社会的基本特点。在这个意义上，社会秩序必须兼顾实体社会与虚拟社会之间的融合、矛盾、冲突以及处理好发生在其中的各种问题。这种虚拟与现实社会融合所形成的社会结构，因技术因素的介入变得更为复杂，解决这种社会形态中的问题的办法使社会建设重心下移到现实和虚拟融合的社会构架中，既需要新的理论指导，更需要新的实践探索，还需要技术的坚实支撑。"如果良好的教育政策能帮助公民做好迎接数字化的准备，并在变革过程中通过社会政策为公民提供支持，那么数字化将给经济和社会带来成功。"[1] 在这个意义上，理论创新、政策创新、技术创新的有机融合成为新时期社会建设的基本趋势、基本要求和基本特征。

相当长的历史时期里，人们对社会的研究、共同体的研究，都是基于实体社会。过往，人们对实体社会从历史、理论、实地、跨国、跨文化等多个角度分析，发掘和发现其规律。从 20 世纪后期，特别是进入 21 世纪后，随着互联网技术的迅速应用和广泛普及，人们开始关注在互联网中形成的新社会组织形态和社会网络，进而提出了虚拟社会这一概念。技术迭代发展使人们越来越感觉到，虚拟社会与实体社会正在加速融合，形成一种新的社会形态，它不仅发生在一般社会领域，也发生在各类共同体，形成了新发展阶段上基层社会的新特点、新趋势，也带来了一系列新情况新问题。

基层社会建设就是满足居民的各种需求，物质的和精神的，不仅通过基层行政组织的制度安排，也通过完善居民的社会互动机制，完善社区公共空间、社会空间，使居民在互动合作中满足自己的生活需求，过上自己需要的生活，实现自己的生活目标、人生价值。一句话，社会建设的底层逻辑：解决好人民的衣食住行等生活问题，处理好人们在日常相处中产生的问题和矛盾。这两个方面的问题解决好了，社会建设的底层逻辑也就把握住了。

1　阿希姆·瓦姆巴赫，汉斯·克里斯蒂安·穆勒. 不安的变革：数字时代的市场竞争与大众福利 [M]. 钟晓睿，等，译. 北京：社会科学文献出版社，2020：126.

传统意义的社会组织因互联网的广泛应用正在发生深刻变化，由个体组成的互联网以及无数终端组成不同类型的社群成为当代社会的组织形式。现时代的社会生活和社会问题都不是单方面的社会生活和社会问题，同时也是技术问题。互联网正在构成以个体为基础的全球社会，把握新时代社会的底层逻辑需要探索这种以个体为基础的全球社会和全方位的治理方式。在社交媒体上建设起来的全球社会带有扁平化、分散性的基层特征，新闻、媒体、舆论远远超过传统主流媒体，甚至超过热战武器等工具，它影响的是人们的内心、行为，改变的是传统意义上的社会形态。

当前，社会发展既具有历史发展的延续特征，又具有新发展阶段的新特点；既具有现实共同体在新发展阶段上遇到的新问题，又具有互联网环境下展示的新态势：现实与虚拟融合，构成新发展阶段的社会发展的新趋势。

不管人们是否意识到，互联网中形成的虚拟社会产生的舆情、争论、冲突正在成为现代社会问题的基本形式和社会冲突的表达方式。它一方面表现为社会冲突，另一方面又表现为文化冲突，还表现为意识形态领域的矛盾和斗争，形势严峻复杂。网络舆情热点事件主要集中在新闻客户端、微博、微信、新闻网站等各类平台，居民通过 PC 或移动终端获取信息、发表言论、进行交流，每个移动终端上的个体都成为互联网的末梢，成为扁平网状结构的网结，这种网结不同于传统意义上的社会生活中的个体：传统社会的人们通过日常交往形成面对面的社会交流，正如费孝通在《乡土中国》一书中说到的，乡土社会里"熟悉是从时间里、多方面、经常的接触中所发生的亲密的感觉"[1]。"现代社会是个陌生人组成的社会，各人不知道各人的底细，所以得讲个明白；还要怕口说无凭，画个押，签个字。这样才发生法律。"[2]互联网环境下的社会是另外的样子：以互联网为基础的社会关系中有交流，也有舆情，二者交织在一起，舆情情绪以正面及中性

---

1 费孝通.费孝通全集 第六卷 [M].呼和浩特：内蒙古人民出版社，2009：11.

2 费孝通.费孝通全集 第六卷 [M].呼和浩特：内蒙古人民出版社，2009：11.

情绪为主，负面舆情及网民诉求虽有，占比不高，却反映出网民们的诉求及参与社会问题解决的意愿。

　　总体看来，当代社会已经形成传统现实共同体与网络虚拟共同体的密切结合，正在形成新的社会组织形态。就共同体居民和共同体工作人员而言，"机器和计算机承担人类的日常任务之后，人类就可以专注于创造性活动和社交活动。的确，很多工作可能会因此消失，但是随着生产成本降低，新兴事物的出现，新领域也会出现更多就业机会。积极利用技术变革，人类才能更好地应对全球化和老龄化，试图维持现状并不是最优选择"[1]。期待社会在互联网基础上不断创新。"但变革不仅仅是简单地发生，它还可以被塑造。因此，重要的是让人们能够参与数字化过程，这就需要在教育和培训领域做出更大努力。"[2] 从以上分析中可以深深感到，建立在数字化基础上的虚实结合的基层社会仍有巨大的探索空间，需要不断努力。

　　融入日常生活的数字技术。互联网已经成为全球生活不可或缺的组成部分，微信、抖音、短视频等网络产品融入人们的日常生活。说中国是个互联网大国，既表现在用户规模上，还表现在每一用户的日常生活中。互联网改变了生产方式、生活方式，正在改变整个社会形态。社会变迁是从日常生活开始的，随着千千万万的人们的日常生活发生变化，社会变革不可避免地到来了。通常，人们对日常生活的变化因其潜移默化，而习以为常、视而不见。从来没有一种通信系统能像今天的互联网这样，在人类生活中发挥着各种各样的作用，甚至对人类思维模式产生广泛而深刻的影响。

　　遗憾的是，在所有关于互联网的著述和评论中，少有人考虑互联网究竟是如何重塑人类的社会形态。人们面对互联网带来的种种问题、各种伤害愤愤不平，互联网知识准则模糊不清，典型的例子是 2022 年以来全球

1　阿希姆·瓦姆巴赫，汉斯·克里斯蒂安·穆勒. 不安的变革：数字时代的市场竞争与大众福利 [M]. 钟晓睿，等译. 北京：社会科学文献出版社，2020：125.

2　阿希姆·瓦姆巴赫，汉斯·克里斯蒂安·穆勒. 不安的变革：数字时代的市场竞争与大众福利 [M]. 钟晓睿，等译. 北京：社会科学文献出版社，2020：194.

范围内发生的地区性武装冲突。人们突然发现，战争形态因社会变化而发生了深刻变化，已经从以往单纯对外释放消息，演变为全球范围内在互联网上争夺舆论控制权、信息战。现代战争已经超出传统意义的军事范畴，延伸到了社会，自觉与不自觉地实现了社会与军事融合。这种融合体现在正面战场冲突、代理人战争、网络战、信息战、金融战以及舆论战等在内的互联网时代"混合战争"。"遗憾的是，在所有关于互联网络的著述和评论中，很少有人考虑互联网究竟是如何重塑我们的。互联网知识准则仍然模糊不清。"[1]

总之，信息社会出现了前所未有的新特征。海量信息，真假难辨。"智能手机充斥着各种各样的信息，用麦克卢汉的话来说它就是热媒介，可能是人类到目前为止能够想象出来的最热的媒介，它以一种宗教般的狂热思想侵入使用者的中枢神经。当你看向手机屏幕，就陷入了另外一个世界，就像其他任何一种热媒介一样，智能手机会孤立自我，并让自我碎片化，它既让人更自我，也让人们变得疏离。"[2]互联网背后的广博的知识、未知的信息、漂亮的图像、趣味的言语可以通过自动推送、即时展示、长期储存，随时为人们所用，微信、微博、短视频、抖音是其主要载体，加上携带便利和操作方便，人们爱不释手，乃至上瘾沉迷。网络带动了万物互联，也推动了处于万物互联中的千千万万终端上的人们在各自的实体空间中孤独地与广袤虚拟空间中人们的交往。"社交网络的矛盾之处在于其用唯我论作为共同体的黏合剂。上线就意味着孤独，待在一个网络共同体里意味着一群人的孤独。共同体只是单纯的符号象征而已，是由软件创造出来满足现代人对自我无止境的渴望的工具。"[3]长期过于孤单将会产生心理和心态上的问题。不管怎么说，"互联网必将对人类的认知产生独特而深远的影响"[4]。

1　尼古拉斯·卡尔.数字乌托邦 [M].张行舟，王芳，等译.北京：中信前沿出版社，2018：273.
2　尼古拉斯·卡尔.数字乌托邦 [M].张行舟，王芳，等译.北京：中信前沿出版社，2018：214.
3　尼古拉斯·卡尔.数字乌托邦 [M].张行舟，王芳，等译.北京：中信前沿出版社，2018：43.
4　尼古拉斯·卡尔.数字乌托邦 [M].张行舟，王芳，等译.北京：中信前沿出版社，2018：272.

上瘾沉迷是网络产品带来的新社会问题。"互联网文化容易让人们分心并且上瘾，当然这不是否认互联网的优势，它能快速有效地接入信息网络，能够极大地便利我们的生活，我真正否认的是笼罩在互联网之上的网络神话，是人们对网络的过度期待和盲目乐观。"[1] 在实际生活中如何权衡时间是当代互联网发展中必须回答和应该处理好的现实问题，网络沉迷、游戏沉迷给人们的工作、生活、健康都带来了负面影响，也引起社会的高度关注和强烈反应。网络犯罪复杂多样，新形式层出不穷。网络犯罪包括，经济领域的网络金融犯罪，涉及虚拟货币、网络贷款平台、洗钱犯罪、直播带货、网上餐饮、知识产权、数据保护等；个人信息安全，包括身份证倒卖、通讯录、快递单、微信号、患者信息、人脸识别、短视频侵犯未成年人信息等；涉嫌网络的诈骗、赌博、传播淫秽物品，以及网络诽谤、侮辱、造谣、泄露他人隐私侵权行为等。网络产品像硬币，正反两面都展示在人们面前，至于网络产品迭代发展还会带来什么问题，谁也不知道。

　　在数字化、智慧化过程中，政府管理模式、社会组织形式、居民的生活方式都发生了深刻变革，如在线教育等。90 后、00 后由于知识生产、知识学习的方式完全不同于传统乡土社会中的人们，与前辈在价值观念、行为方式、生活方式上形成巨大差异，他们的生活方式、工作方式、价值观念、技术水平塑造着未来的社会结构、社会形态，甚至已经改变了当前的社会格局、社会关系模式。

被 AI 挑战的传统虚实共同体

　　2016 年，AlphaGo 大战之后，它便退出了竞技，科技工作者们把自己的关注点转移到人类关切的领域中，包括医疗保健、气候变化、能源效率、

1　尼古拉斯·卡尔.数字乌托邦 [M].张行舟，王芳，等译.北京：中信前沿出版社，2018：X.

语音生成和识别、计算机视觉等。ChatGPT 的迅速发展，推动了语音生成和识别，以及计算机视觉进步。在各类媒介上，人们已经看到埃隆·马斯克对人工智能不受制约开发的担忧，也有人说 OpenAI 公司首席执行官萨姆·奥尔特曼对 ChatGPT 未来的应用也表达了不安。回顾从单体巨型计算机到智能进化这一进化历程，面对技术迅速进步，人们对机器可能产生的风险从来没有放弃担心和忧虑，这也给科学家和技术人员提出了更高要求，从事科学和技术的人们必须增强人文情怀，关注人类发展、人类福祉、人类命运。如何在代码编辑、模态设计中考虑社会公平正义理念似乎已经提上了智慧社会建设的议事议程。人类的基本价值要求科学家和技术人员必须坚守创造可以造福人类的人工智能系统，消除超级智能机器可能给人类带来的风险，使人类实现永续发展，并获得无法想象的福祉，推动人类创造更强大的文明，从农业文明和工业文明中解放出来。科学家和技术人员有责任防止那些反人类的群体和个人利用超级智能控制各类杀伤性武器，预防他们策划犯罪。面对人工智能的意想不到的发展，人类需要一场新文化运动来重塑自己的理想和价值，提升自己的自主性、能动性，避免自我放纵带来的灾难。

实体社会与虚拟社会的结合形态，这些在学术理论中并没有给予完全的解释，主要是因为，人工智能在社会领域中的应用刚刚开始，有些技术还在开发，很多问题还没有展开，即便是展开了，也需要时间观察。但如此规模巨大的人口使用互联网、人工智能，人们花费很多的时间在互联网上，互联网成为人们日常生活的重要组成部分，那就不得不关心它给社会带来的深刻变化，不得不考虑仅仅用传统理论能不能解释这些新现象。

数字共同体的内在逻辑

现实生活中的网络社群

共同体自其产生之日起，就有着自己的内在逻辑。前边从宏观层面分析了技术创新对人类共同体的影响，这里，想从微观层面看一下技术如何影响和改变了人类共同体内部结构的。先看一个读书社群。通过线上线下相互结合的读书方式成为一种新的学习方法，创新学习方式，适应互联网时代发展要求。互联网技术、人工智能、人机混合智能、大数据、物联网等正在改变着经济发展模式、社会生活方式、文化价值观念。每个时代都有每个时代的学习特点，每个时代的人们只有认清形势，锐意创新方能引领时代，方能不辜负时代。互联网已经和正在改造着传统的学习方式、读书方式，对此，有些人已经感知到了，有些还没有感知到，但这种创新在现实中确确实实发生了。新的读书学习方法并不否定传统的学习方式、读书方式。人类毕竟通过网络迈出了重大步伐，必须在以往实践探索和理论研究的基础上形成新的知识生产模式。这不仅事关日常学习，也事关教育体制改革创新，还事关科学技术的长期发展。科学技术从来没有像今天这样深刻影响着国家前途命运，从来没有像今天这样深刻影响着人民生活福祉。拓展数字资源获取渠道，做优做强数字教育培训资源，培育数字生活新应用新场景，提高智慧共同体和智慧家庭建设应用水平，搭建一批数字学习服务平台，完善数据驱动的科研创新模式，提高全民网络文明素养。

在这个意义上，探索互联网这种广泛应用的信息传播工具，推动知识和科学进步，推动社会健康发展成为当代重大课题。互联网已经成为世界上控制、传播和扭曲事实真相，对知识产生重大影响的工具，又是人们日常生活中获取信息不可缺少的手段，必须使这个工具或手段更好地得到使用，使其造福人类。

2021 年下半年，笔者应邀担任某"读书漫谈群"群主，为期 3 个月。初入这个领域，自己为各种各样的日常事务、组织准备工作忙得焦头烂额：熟悉了解读书主线、主题，安排数月读书日程，联络导读者，忙于应付，一开始还真是有点不知所措。随着时间推移，工作慢慢进入正常状态，出于长期从事实地观察和对人类日常行为思考的习惯，开始琢磨微信读书社群作为一种新型社群的含义、意义以及"群主"的社会角色，进而思考微信社群的治理、网络衍生产品的健康持续发展等一系列问题。微信、抖音、短视频作为日常生活甚至工作中最为常用的社交媒体和资讯工具，不认真研究它们的特点、性质、发展逻辑、治理逻辑，就难以回应时代提出的问题。

微信技术及其应用是中国科学家和中国企业家的重大创新。尽管腾讯在全球并不是家喻户晓的企业，但它是世界上最有价值和最具创新力的公司之一。从大片到游戏，腾讯在所有领域都拥有自己的股份，是世界上规模最大的视频游戏公司之一，它也因简单模仿他人而遭到吐槽。"然而，随着微信发展成为一个远远超越社交媒体的平台，很明显，腾讯在移动商务领域处于世界领先地位。"[1] 在中国自己研发的微信上组织读书活动，我感觉有点儿中国故事的味道。

社交媒体在国际上很流行，以美国为例。美国社交媒体的格局呈多元化，多个平台都扮演着重要角色，主要社交媒体平台有以下几个——脸书（Facebook），脸书仍是美国使用最广泛的社交媒体平台之一。它包

1　MATTHEW BRENNAN, WHO REALLY OWNS WECHAT? -WECHAT ESSENTIAL TIPS, WECHAT TIPS, DECEMBER 16, 2018, https://chinachannel.co/category/wechat-tips/.

括个人档案、企业和组织页面以及各种多媒体共享选项等功能。照片墙（Instagram），由脸书所有，是照片和视频共享平台，因其视觉导向的内容而大受欢迎，尤其是在年轻人群中流行。推特（Twitter），微博客平台，用户可在此分享名为"推文"的短信息。它以实时更新、新闻分享和使用标签进行对话而闻名。2023 年 7 月 23 日，推特首席执行官埃隆·马斯克发推文，称将要更换推特的"蓝鸟"图标为"X"图标。同年 7 月 24 日，埃隆·马斯克再发推文，宣布 Twitter 网址由 twitter.com 迁移至 X.com；同一天，埃隆·马斯克将自己的头像更换为"X"字母，公布了推特的新 Logo。7 月 31 日，Twitter 应用在苹果的 App Store 上正式更名为 X。领英（LinkedIn），是个专业网络平台。它专注于连接专业人士和企业，为求职者、雇主和行业提供网络平台。色拉布（Snapchat），一款多媒体信息应用程序，以其消失的信息、滤镜和故事功能闻名，在年轻用户中尤其流行。抖音（TikTok），一个短视频平台，因其富有创意和娱乐性的内容而迅速走红。它允许用户创建和分享以音乐为背景的短视频。红迪网（Reddit），用户生成内容和讨论平台，由各种子版块组成，用户可以在其中分享链接、文本帖子并参与讨论。拼趣（Pinterest），视觉发现和书签平台，用户可以发现并保存食谱、时尚、家居装饰等各种主题的创意。瓦次普（WhatsApp），在国际上比较流行，但在美国也用于发送信息和语音 / 视频通话，端到端加密。油管（YouTube），主要是一个视频共享平台，同时也是社交媒体平台，具有评论、订阅和共同体参与等功能，被广泛用于内容创建和消费。社交媒体平台的受欢迎程度经常变化，新平台随时出现。此外，不同人口和地区的用户偏好各不相同。

回到微信读书社群，它有三大功能。获取信息，来自各行各业的书友们提供了各个方面的信息、观点、问题、视角、思想，在社群中分享。仔细观察社群的实际参与人数在 180 以内，尽管潜在参与者可以达到数千人，比较符合邓巴数定理。在此基础上，通过成员们的讨论、争论、补充形成知识，甚至是系统性知识。通过线下线上读书，书友们引读、荐读，获得自己未曾知道的知识，生产出时代需要的知识。社会交往，微信读书社群在终端显示的是一个一个人的名字——参与者的符号，进而通过点击了解这个符号的内涵——职务、简历、性别等。在读书过程中相互认识，形成网络环境下的社会关系模式。形式多样，聚集调动视听读等各项器官。很多书友，尤其是文化艺术界的书友，在导读中，不时发一些小视频、短音频、图像等，用形象生动的方式向书友介绍他们的作品——曲艺、电影、演讲、书法、非遗等。领读者可以随心所欲地把自己的思想、情感、感受、经历通过小小的电视频道展示出来，展示自己的观点、思想、愿望、才华，与书友分享。这意味着借助移动技术、网络产品，社会正在迎来一个视频与文字交织的读书时代。在网络平台上，人人都可以创作，不仅可以创作文字，还可以创作视频，大大丰富了阅读内容，形成了一场小小的读书革命。这仅仅是开始，随着人机交互技术、元宇宙技术的开发和其他基础设施的建设，人类的学习方式将会发生革命性变革。海量信息，与线下读书和纸质阅读不同，微信读书社群推送的知识呈海量级数，给人们的阅读和理解带来压力。微信读书社群的参与者都是专业人才、社会精英，他们在读书过程中提供的知识都是一流的知识和信息。问题的关键在于，如何把这些一流知识、信息汇集起来，生产出更加有利于经济社会发展的知识。无论是线上读书还是线下交流，作为群体的读书活动，必须有思想情感交流。通过微信开展读书本身就是一种社交活动，读者都是人，都是有自己的思想情感，都需要在相互认同、交流中形成共识，结成密切的社会关系，共同推动社群目标的实现。在这个意义上，把读书活动推向深入，需要对读书的规律进行研究，这包括两个方面的内容：第一个是互联网本身的规律，这就是，人们在互联网上读书，不是面对面的，而是线上的交流，缺乏日常交流中的表情、肢体语言等形式；第二个是微信读书社群规模不能太大，太大往往不容易使话题深入下去，人太多也不利于让每个人都充分发表意见。

　　微信社群成员通常以线上为主，线下为辅，建立线下线上的交流模式。必须有线下活动，没有线下活动的社群是不健全的。微信读书社群经常开展线下读书、线下见面活动。通过线下活动联络感情，面对面交流。这样，群里的很多弱关系就变成强关系，带动更多人参与、交流，分享自己的知识、经历、经验，真正达到建群的目的和目标。因为疫情，下午茶被改成了线上。一般意义的下午茶是在线下举行的。通过喝茶、聊天、交流、讨论、批评，对读书中的某一个问题进一步深化，开展头脑风暴，形成新的思想、新的知识、新的理论，联络书友之间的情感，深化人们之间的关系，为深入的交流和思想碰撞奠定人际关系基础。无形中微信读书把人们组成了一个现实与虚拟融合的社群。尽管这个社群的人们有着统一的身份，"成员虽然在整体上的需求是相似的，但是由于大家的性格、经济收入、文化水平、家庭背景等各不相同，成员的具体需求也会有所差别"[1]。

　　设计好社群管理模式是群主首先要考虑的问题。"一个好的微信群，其建立的目的应该是探讨问题和交流问题，在群主需要群活跃的时候才活跃是最好的状态，而且，活跃时一定是真正探讨深刻的问题，要讨论出结果，一味地反复问候、发冷笑话等没有什么意义。"[2] 优秀的群主必定是优秀的管理者。进一步说，微信读书社群的群体心理不仅包括群体成员对知识的渴望，对信息的获得，也需要精神满足、人和人之间的交流。健康的社群必须满足人们的情感需求，而不是仅仅从功利主义的角度来建立社群。社群本身就是社会，它由知识、情感、人与人之间的关系构成。根据《辞源》，中国意义上的"群"最早来自小雅："谁谓尔无羊，三百维群"。古人讲群是指生活中的面对面、朝夕相处的社会组织形态，是人类长期进化的结果。后来，严复将社会学叫作"群学"，"群"就有了"社会"的涵义。网络读书社群是发生在虚拟空间中的，不仅是知识的宝库，也是朋友圈、交

1　向上. 微信群运营与维护一册通 [M]. 北京：中国工信出版集团 / 人民邮电出版社，2017：90.

2　向上. 微信群运营与维护一册通 [M]. 北京：中国工信出版集团 / 人民邮电出版社，2017：144.

流圈，人需要在亲朋好友的关注下存在，存在感就是这样产生的。那些有影响、有人缘、大家熟悉的领读者会引来更多人的参与，这里有知名度因素，也有感情因素、社会因素。手机随时随地存在，它成了最好、最热的媒介。正是基于手机的移动互联特点，人们在推送读书信息、通知时，如何让每一个成员都能知道、能了解、随时随地参与，必须建设好社群，信息、知识不能一发了之。微信读书社群需要产品设计，也就是说，需要在知识、通知等方面有所创新。有 DNA 的群才会不断得到进化，DNA 实际上是社群的价值观和认知，以及推送的各种知识在进化过程中使社群看起来像个有机体的哪些要素，社群必须有自己内在的价值、文化、理念，有大家共同的兴趣、爱好、关注。

群主是微信读书社群的主心骨。激发好奇心是群主推动读书群发展的驱动力。他需要发现书友们的兴趣。书友不可能积极参与自己不感兴趣的读书活动，不可能真正理解自己不感兴趣的需求，他必须与自己的生活、工作和需求结合起来读书。所以，如何进行选题确定、遴选领读者、聚焦全体书友的关注点非常关键。这需要从后台对数据进行分析，对人们的行为进行解读。群主要理解社群的心态，担任群主期间，我反复想回答一个问题：群是如何工作的？群主怎样工作才能使微信读书社群更加健康？这里说的健康发展是指人们在群中能够真正获得知识，形成健康的社会交往，培育良好的社会心态，使精神境界不断得到升华。在这个意义上，群主必须了解群里的人们的心理，不了解群体心理，就不知道怎么去对待这个群体，如果把社群仅仅当作数字和符号传输表达的主体，或者是更多的时候当作数据处理的主体，就不能更好地管理社群。要根据群体心理设计社群的目标发展环境、交流环境、聊天环境，让人们在这个环境中表达什么、反应什么。只有这样社群才会被群主引领，这是群主最应该关注的因素。群主应当贯彻公共生活、社会生活的理性原则，确保知识、信息的正确传播，使互联网空间能够形成理性平和、规则严格、有规矩、有秩序的公共空间、社会空间，建构良性互动的社会关系模式，即技术时代的社会关系模式。作为群主，我深刻认识到，微信读书社群的聪明程度取决于设定的标准，即使群主很有主见，但如果网络中充满着误导性的语言，那么就可能使参与者受到影响，降低人们的认知能力，阻碍高质量知识的产生。重要的不是仅仅完善网络技术等硬件和软件设施，而是训练组成这个网络群体的个人，支持个人在网络中提出自己的意见建议，因为这既符合社会发展的要求，也符合公共利益。群主需要一个强有力的团队协助其工作，如果有人提出一个话题，无人回应，领读者和群主都会感到失落，群主的积极性会受挫，慢慢地这个群就会变得死气沉沉。没有很好口碑的网络社群，自然难以吸引各种各样优秀人才参与其中。没有优秀人才参与，就不会形成影响力，就不会推动社群发展。相互之间的鼓励表扬不可缺少，但不应当成为微信读书社群的主流。微信读书社群发起人固然重要，他是重要的核心，但也需要有无数个个人协助发起人把读书群扩大。微信读书社群的保障团队汇集各个领域的不同精英，他们具有巨大影响力和号召力。

　　我们再看由技术塑造的网络公益社群。技术在经济社会发展中的作用越来越显著，这意味着应当如何重建技术和慈善事业之间的联系，技术社会是一种生活方式，其间，技术价值观会深深渗透到人类生活的方方面面，技术社会是一个各种社会关系按照技术价值和技术的应用加以重构的社会。"机器和计算机承担人类的日常任务之后，人类就可以专注于创造性活动和社交活动。的确，很多工作可能因此会消失，但是随着生产成本降低，新兴事物的出现，新领域也会出现更多就业机会。积极利用技术变革，人类才能更好地应对全球化和老龄化，试图维持现状并不是最优选择。"[1] 期待社会在互联网基础上不断创新，丰富各种实践和理论。"但变革不仅仅只是简单地发生，它还可以被塑造。因此，重要的是让人们能够参与数字

---

[1] 阿希姆·瓦姆巴赫，汉斯·克里斯蒂安·穆勒. 不安的变革：数字时代的市场竞争与大众福利 [M]. 钟佳睿，陈星，等译，冯晓虎，谢琼，校译. 北京：社会科学文献出版社，2020：125.

化过程，这就需要在教育和培训领域做出更大努力。"[1]

互联网和移动终端的快速普及是数字慈善公益在中国快速发展的社会基础。技术公益，在英文里称为 Online Philanthropy 或 Internet Philanthropy，抑或 Digital Philanthropy，可以有多种表述，技术公益更能反映这一新型公益模式的特点。中国 30 家慈善公益平台之所以能够成为"中国样本"，就在于它们能够在互联网基础上改进和创新慈善公益模式和慈善公益惯例。根据国家市场监管总局对中国互联网平台的分类，互联网平台包括网络销售类平台、生活服务类平台、社交娱乐类平台、信息资讯类平台、金融服务类平台、计算应用类平台。根据平台规模、业务、能力，互联网平台分为以下三级：超级平台、大型平台、中小平台。

在过去的十几年里，腾讯公司努力将自己在互联网产品开发和链接方面的技术优势融入慈善事业，推动慈善事业在线生长。"99 捐赠日"既是动员更多社会成员参与公益事业的社会活动，也是塑造一个有着广泛影响力、基于互联网的慈善生态系统，把社会问题、互联网平台、慈善组织、筹资活动、捐赠项目、社会价值等要素有机结合起来，成为互联网时代慈善公益事业发展的新形态。"基于快速传播、广泛联结的特性，互联网也在对大众生活的渗透中，让公益价值理念触达更多个体，让越来越多的普通人也开始关注公益，参与公益。"[2]

腾讯公益部门可持续社会价值部的商业属性比较弱。阿里把公益当成商业行业，做商业会计量投入产出比。腾讯筹款后不是自己使用，而是交给慈善公益组织去执行。蚂蚁森林或者公益宝贝的不同之处是，都用自己的核心能力做，公益宝贝完全嫁接在买东西和卖东西的电商体系里，腾讯公益在社交体系里；二者出口也不一样，蚂蚁森林模式有点像自营，自己

1　阿希姆·瓦姆巴赫，汉斯·克里斯蒂安·穆勒 . 不安的变革：数字时代的市场竞争与大众福利 [M]. 钟佳睿，陈星，等译，冯晓虎，谢琼，校译 . 北京：社会科学文献出版社，2020：194.

2　美团研究院 .2022 从数字生活到数字社会：中国数字经济年度观察 [M]. 北京：人民出版社，2022：178.

做公益项目，做大平台。腾讯在对公益绩效进行评估时，因为线上捐赠者太多，一般评估方法计算能力不够。腾讯基金采用 AI 和基金会建立公益项目公信力评估模型，解决公平性问题。用户端有很多数据，分析用户做公益的初心和频次。它在项目端通过在线评估和线下有 800 多个项目采用这个模型，很快把分数应用到配捐，让分配更加公平。蚂蚁森林项目需要工作人员具有一定的知识储备和知识结构，让更多用户参与到活动中，活动提供方开放给行业，因为很多公益机构做这方面的项目，关键是提高项目的黏性。项目的第一步是募捐，第二步是分配资源，连接捐资方和受助方。

信息时代，信息无处不在，计算资源取之不尽，全世界都被连成一体。以前不可想象或不可能的筹资方法都已经成为可能，已经展现在人们面前。在这种情况下，慈善事业怎么会不受到影响？科技进步不可阻挡，要理性地跟踪这一形势，研究这一形势。至于未来要提出的问题，不是未来的慈善事业一定会怎么样，而是未来的慈善事业可能怎么样；一定会怎么样的问题，要求我们对未来做出预测。适应技术公益创新，必须解决好公益基础理论中的革命性变化。之后，追随着基础理论革命性变化，便有了第二层创新：应用性和跟随性研究工作。接下来第三层创新，是以实用为目的。这种创新必须依赖强大的外来激励，即商业利益、社会利益、社会荣誉。适应互联网社会发展，建设一个互联互通、信息驱动、创新包容的技术公益生态系统：慈善理论、筹资制度、资金管理、报告制度、评估系统。众筹与捐赠、非营利组织与公众、传播和微慈善，解决应急问题，培育全社会的慈善精神，等等，都是互联网环境下技术公益发展必须进一步研究的问题。

2022 年 5 月，微信平台推出"小红花来信"功能，通过微信提醒，让捐赠人更清晰地看到自己所捐助公益项目的进展。"小红花来信"，就是为每个爱心用户定制项目进展，每月 11 日向爱心用户呈现。人们可以通过"小红花来信"查看项目方反馈最新进展，从中看到善款使用情况、项目执行内容以及受助对象近况，更好地了解善款用到了什么地方。线上慈善公益实现了全链透明。通过技术、理念迭代发展，如今，通过移动设备，人们可以随时随地关注善款使用流程、资金流向，也可对善款使用后的绩效进行监督。这些大大提高了慈善组织内部治理机制的完善，使其运行效率不断提高。绩效性是非营利事业的根本目的。"99 捐赠日"不仅有大量个人参与公益活动，也是有影响力、基于互联网的慈善生态系统，包括企业和慈善组织业。"99 捐赠日"推出"一起捐赠"创新慈善模式，通过移动网络和与慈善事业完全融合的社交网络实现。除将筹款金额作为主要标准外，"99 捐赠日"通过更加强调在透明和专业运营方面的示范作用，强化创新意愿。腾讯公益平台秉承理性竞争原则，与各大公募平台一道不以"募款数额论英雄"，从实际出发，从社会需要出发，结合平台的擅长、能力、资源，通过更多元、新发掘的细分领域实现慈善公益精准化，更加聚焦社会痛点，创造社会价值。

腾讯于 2015 年推出了第一个"99 捐赠日"，推出了名为"一起捐赠"的创新慈善模式，该模式通过移动网络和与慈善事业完全融合的社交网络实现。对一些人来说，"99 捐赠日"是一场"非凡"的慈善嘉年华。但从本质上讲，它代表了人们对慈善事业的热情和公众支持，把热情和公众支持转化为理性慈善。"99 公益日"辐射的公益项目涵盖扶贫救灾、疾病救助、教育助学、生态环保、文化保育等公益议题，成为中国参与人数最多、影响力最广、场景最多元的全民公益行动日之一。"99 公益日"鼓励网友通过移动互联网化、社交化等创新手段，用轻松互动的形式，将公益做成人人可参与的全民活动。2022 年"99 公益日"，基于"小红花"公益账户，腾讯公益推出两大举措：在"99"期间小红花用户可以获得配捐加持，那些持续捐赠，包括月捐、长期行为公益的用户，在"99"期间获得更高的捐赠；用户如果不捐赠，也可以用"小红花"助力公益。这使"99 公益日"在以往的基础上迈出了新的一步，使其激励机制得到进一步加强和完善。

在各类互联网大厂中，腾讯是佼佼者。"从相关专利数量可以看出，腾讯等我国平台企业在下一代互联网技术布局上已处于全球领先地位。据中国知识产权研究会数据统计，过去十年，在云计算与大数据服务、人工智能软件开发、互联网安全服务等技术领域的中国发明专利授权数量，腾讯排名行业第一。另据全球专利权威检索机构公开数据显示，在人工智能领域，腾讯过去数年专利申请数量为 10630 项，位居全球互联网行业榜首。"[1] 借助自己的技术优势和经济实力，腾讯较早地迈入慈善公益事业门槛，打出了自己的一片天地。在这个领域，各国的互联网平台也在进行积极探索。以谷歌的人工智能向善（AI For Social Good）为例，该项目主动瞄准社会影响，应用人工智能解决社会面临的重大问题，诸如人道主义问题、环境污染和生态保护、公共卫生、自然资源、社会挑战、气候变化、能源利用、无障碍环境建设，以及各种危机应对，等等。例如，关联项目（Project Relate）通过技术创新为那些有语言障碍的人提供沟通便利，开发内置屏幕阅读器，让残疾人能够听到屏幕上的文本，提供认知和交流的便利。再如语音识别项目（Project Euphonia）由谷歌发起，旨在通过与共同体组织、有语言障碍的人合作，建立更具包容性、更加便利的语音识别模型。到目前为止，这种语音识别工具能够识别英语、法语、印地语、日语和西班牙语。

中美两国不同，美国 80% 的慈善捐赠来自个人，中国 80% 的慈善捐款来自企业部门，个人参与较少，但是，这种状况因互联网和移动终端的广泛应用得到了改变。我们可以通过一系列案例看到这种变化，这些活动或者通过社会媒体，或者通过其他平台进行。发达国家慈善事业起步较早，已经形成了自己的发展模式。以美国为例，历史上，美国大部分慈善捐赠来自个人，截至 2020 年，包括遗产捐赠在内的所有捐赠大约占美国慈善捐赠的 78%，来自企业的捐赠大约占 4%。2020 年，美国企业捐赠给慈善机构的税前利润只占其利润的 0.8%。

1　操秀英. 平台企业引领下一代互联网技术，科创推动高质量发展 [J]. 科技日报，2023.1.30.

、 非营利众筹活动与个人众筹活动的区别。个人众筹不同于专业众筹活动。个人众筹可能针对特定的事业，但它不能保证所有的收益都归一个组织所有。例如，一项旨在消除虐待动物行为的个人 Facebook 活动筹集了300 美元，可能会向三个不同的非营利组织捐赠 100 美元。非营利组织不应指望个人募捐者捐赠绝大多数捐款。非营利组织发起筹资活动并直接获得回报。虽然资金可能会在非营利组织的不同方面（如宣传和教育计划）之间分配，但所有资金都直接流向该组织。

任何社会的发展，公益都是补充。公益的价值是软性的，是文化的创造，是共同富裕的精神基础。好社会必须是商业价值和社会价值共存。平台在商业产品开发时首先考虑产品体系，统筹考虑平台的各个业务、各个环节，为业务设计社会价值的点，它们有可能是产品、技术、用户沟通、用户互动。例如，真正要解决老人的问题，不是捐多少钱和社会分配，而是通过传播让村里的人知道需要帮助老人，这是技术公益起到的作用，只有每个人关注到这个事件，后面才有可能。技术公益不仅仅考虑腾讯公益用户，也考腾讯全系产品公益用户，这样基础就扩大了，同时各个产品线的负责人或者产品经理也是以志愿者身份参与体系设计。技术公益人人参与、人人了解、身体力行，营造大环境。

引导、支持有意愿有能力的企业、社会组织和个人积极参与公益慈善事业预示着未来五年乃至更长时期，国家将把慈善事业作为促进共同富裕的重要分类手段加以强化和完善。"公益慈善事业"是实现共同富裕中完善收入分配制度的重要内容。

网络社群秩序建构

现实和虚拟共同体的内部是如何建构的呢？这里继续分析微信读书群。吸引更多的微信社群成员参与，群主必须考虑规则问题。人们经常说，形成共识很重要。形成共识的过程是人们表达、讨论问题的过程，在这个过程中适时修正事实，调整观点，甚至被改变或互相改变，最后越来越接近真理。这是形成共识、生产知识的根本要义。交流是一个开放、开诚布公的过程。微信读书社群在领读中，题目、观点、讲授艺术决定了人们的围观程度。读书社群通过发布文字、视频、图片，建立起属于自己的社群，多维度深入、高频率与读者互动，进而在时间、空间以及制作上带来更多的流量。一个微信读书社群，从某种程度上说就相当于一个世界，它是真实世界的虚拟展示。一个遵循着国家法律的虚拟社群，每个人都在这个虚拟社会里交往，发展交换各种知识，推动各种思想形成。为了方便交流，人们还推出抖音、短视频，我们看到的网络世界是虚拟的王国，只不过它是在移动中实现虚拟的。

看待这个问题要有国际视野。网络产品管理问题不是一个国家的事情，而是全球性问题。能不能管好这个问题取决于文化、历史，更取决于国民素质和社会组织形态，说到底是文化竞争、社会竞争、素质竞争问题。

发挥微信读书社群在打造天朗气清的网络空间中的作用，需要对现有的社群进行改进。关注兴趣，要研究不同成员的兴趣、专业、工作爱好，通过讲解、聆听变成向不同书友进行推送，帮助他们提升专业、促进工作。爱因斯坦曾经说过，兴趣是最好的老师。如果我们能够在兴趣的开发上考虑到不同职业、不同兴趣的成员，并根据兴趣激发他们的主动性，找到更多志同道合的伙伴，反过来又会进一步拉动其他人的参与。社会认同，当人们在心理上认为自己属于某一个题目、某一个专题，就会对这个专题产生认同感。进而促进人们共同开发，共同建设社群。主动关注，通过与其他群体比较，使人们更加主动获取信息，形成关注，分享知识。研究互联网社群意义上的知识生产规律，知识不完全等于信息，信息不一定是知识，只有那些经过实践、理论、实验、历史验证的信息，才可以称为知识。社会生活、公共生活离不开共同规则，当务之急是制定网络产品的公共规则。

知识社会发展离不开科学和知识。在互联网发达时代，生产有用的知识，避免虚假和谎言，使人们能够有更多的时间和精力学习提升，追赶时代发展，是现实和虚拟社会融合时代社会生活的重大问题。

微信社群最主要的职位莫过于群主。在各类网络设备没有解决底层技术和提出理想的解决办法之前，群主应当知道判断哪些言论值得相信，哪些说得天花乱坠的谬论应当被抛弃、被忽视，阻止其进入微信社群，节省人们的时间。在日趋智能化、网络化、数据化的时代，数据公司如何把市场监管交给全世界千千万万消费者管理？未来几年，随着越来越多的应用程序的开发，包括人工智能的应用，每个社会成员都需要掌握一些相关的技术，使自己在这个时代处于主动有力的地位。在激发全社会加强交流和激发正能量的同时，又能减少负面信息和虚假信息是当前必须解决好的重大问题。这一方面需要加强对微信社群的有序管理，另一方面需要提高社群成员的素质。群主的角色是搭平台、建规则、促交流。作为微信读书社群，群主的重要责任在于制定规则，包括群的发展方向、活动规划。所以，群主在社群中相当于 CEO，促进微信社群成员的相互交流。群主的重要职能是群管，在做微信读书社群群主的过程中，一个重要工作就是要引领读书，首先自己要读书，把书读好。同时，在领读者开展活动的过程中，不断表达一些鼓励、支持、赞同，提出问题，引导读书走向深入。群主是微信社群形成和发展产生的一种新社会角色。可以肯定地说，随着微信社群的日趋流行，未来微信群主会成为非常热门的职业，会走向专业化。微信群主与线下的主持人不同，微信群主不需要太高的知名度，但要有很强的组织能力，同时能够组织起各种名人参与到读书活动，引导人们进入社群，参与交流。中国确实到了这样一个新阶段。在这个阶段如何更好地总结经验，总结群主管理中的经验，进一步提升群主的素质，引导微信社群沿着正确的方向发展。要加强社会凝聚力、思想凝聚力、情感凝聚力、知识生产能力，进一步传播正确信息，防止信息病毒蔓延。这样才可以打造天朗气清的网络空间，让人民在互联网时代能够既享受各种优秀的文化文明，又能够体验到社会的和谐、交流、交往、交融，体现社会高度文明程度。要对微信读书社群群主进行培训，提高他们的组织能力、协调能力，组织各种主题的能力、选题能力。围绕着选题，进行研讨动员能力培训，使读书活动不断创新，不断有新的亮点，不断吸引更多的人参与围观讨论。群主目前还是个业余的社会角色，随着社会发展和微信功能的进一步开发，它有可能成为专业的社会角色，加强对这类专业社会角色的研究应当提上议事议程。

互联网和数字技术对社会结构和社会治理模式的影响是深刻而多样的，文化、政治和经济因素产生了不同的影响。信息获取，互联网使个人能够更好地获取信息和建立联系。随着信息的普及，社会中的权力结构也发生了变化。沟通与社会联系，数字技术，尤其是社交媒体，改变了沟通模式。人们可以在全球范围内建立联系，促进虚拟共同体的发展，挑战传统的地理界限。经济转变，数字平台的兴起颠覆了传统的经济结构。在线市场、打工经济和数字创业改变了人们参与经济活动的方式。许多国家已经采用电子政务，利用数字技术加强政府服务，简化流程，提高效率。

在印度，互联网用户迅速增加，尤其是通过移动设备。WhatsApp 等数字平台被广泛用于通信，政府也强调数字治理措施。在非洲，互联网接入正在增长，对教育、创业和通信产生了影响。移动技术尤其具有变革性，提供了新的机遇和挑战。东南亚国家在数字治理方面表现出不同的方法。一些国家接受了电子政务，而另一些国家则在努力解决数字权利和言论自由问题。总之，尽管互联网和数字技术的影响呈现出总体趋势，但这些变化在不同国家的表现形式却大相径庭。文化、政治和经济背景在很大程度上决定了社会如何接受和适应数字时代。各国政府在塑造监管环境和影响、利用技术进行社会治理方面发挥着至关重要的作用。

网络社群社会秩序

虚拟社群如何维持其内部秩序呢？涉及不同的网络产品，技术治理会不一样，有些已经尝试通过技术实现治理，如网络游戏，有些还需要在实践中摸索。例如，针对互联网游戏中未成年人沉迷和盗用账号等采取措施，完善网游防沉迷体系，鼓励、促进游戏厂商采用人脸识别技术。制定法律法规，由相关部门牵头建立游戏行业的人脸识别统一标准，确保游戏厂商的人脸识别功能只用于身份识别，人脸识别数据原则上不应共享、转让；鼓励有条件的游戏厂商先试先行，在主管部门授权和监管下将相关人脸识别系统对外开放，以方便更多的中小游戏厂商用上人脸识别技术；对实名认证为成年人，但游戏内行为疑似未成年人的用户，系统自动在"登录时"和"充值时"，发起金融级别的人脸识别，若用户人脸识别验证失败，将被系统判定为未成年人，自动纳入管控范围；为防止家长被欺骗，系统在游戏充值过程中可以考虑增加"语音+文字"等相关提示，专治孩子忽悠家长过人脸。加强跟踪技术研发和应用。推出未成年人数据保护法规，要求大型科技平台限制他们从年轻用户那里收集的数据量以及对未成年人的位置跟踪；针对未成年人使用成年人身份账号熬夜玩游戏的行为，引入设备维度的疑似未成年人挖掘模型，建立全天巡航逻辑；针对同一设备上出现过未成年人或者疑似未成年人的其他账号，重点弹出人脸识别进行筛查，把遭受拒绝或未通过的用户纳入未成年管控并将其移除。

任何治理的效率、效果都不可能离开全体社会成员素质的提高，不可能离开全体社会成员对政府政策的理解和把握，以及全体社会成员对政府要求和号召的响应。20世纪上半叶，美国芝加哥大学社会学系教授罗伯特·帕克说过："有一件事是中国所独有……就是它不仅是一个古旧的文明而且是一个已经完成了的文明。一切中国的东西，任何一项文化的特质——

器具，习俗，传习，以及制度——无不相互地极正确地适合，因之，它们合起来，足以给人一种它们是适合且一致的整体的印象。"[1] 这段话重要的启迪是，同步建设数字政府和数字社会——在一个有着古老文明和绚丽多彩文化的大国发展互联网技术和建设数字政府，如何将现代技术嵌入建立在悠久历史的文明之中，是中国现代化必须解决、不能回避的重大问题之一。

必须考虑那些由于年龄、知识、能力等诸多原因被抛出社会正常运行轨道的人群，也就是那些运用数字能力较差的人们。这个问题在最近一个时期的一些城市抗击疫情中凸显出来，引起媒体和社会热议。因为不会使用互联网，一些老年人生计困难，甚至造成社会悲剧。必须考虑日益加剧的老龄化问题。一方面要缩小困扰老年人的数字鸿沟，提升老年人数字技术的应用能力，帮助那些因种种原因不能接近数字技术的老年人走出困境。鼓励他们的子女、志愿者、共同体工作人员，以及政府服务部门的工作人员帮助老年人解决好日常生活遇到的网络使用困难。中国还有相当一部分老年人没有能力使用互联网。对这种情况，在数字政府建设过程中必须全面考量各种现实情况，既要用传统的办法满足老年人的需求，又要通过能力培训提高他们的数字应用能力。数字政府建设并没有改变政府职能本身，诸如宏观调控、市场监管、公共服务、社会管理和环境保护，等等。数字技术可以更好地配置资源，提高宏观调控能力和水平，完善市场监管机制，提升公共服务供给效率，增进社会治理效能，更有效地保护生态环境。在数字政府建设过程中，必须始终坚持以人民为中心的理念，紧紧围绕着人民群众需求推进各项工作，共同发力推动数字化技术提升和数字时代的到来。要考虑把帮助不会使用网络或智能设备的老年人的数字能力提升和数字服务工作纳入基本公共服务，建设动态环境下的互联网助老基本公共服务体系。

从信息配置资源技术角度看，互联网技术更能使越来越多的人享受基

1　费孝通.费孝通全集　第一卷 [M].呼和浩特：内蒙古人民出版社，2009：134.

本公共服务，若是受益人不掌握信息技术，会造成巨大的技术鸿沟。在这个意义上，把互联网作为推进新时代基本公共服务供给的技术手段非常必要。它的基本原理是：在市场失灵情况下，政府需要对这种失灵做出反应，主要手段包括：税收、担保、补贴、惩罚、法律和法规、公共物品提供，等等，确保社会公平与公正，实现公平正义。基本公共服务制度是国家或社会依据一国宪法和法律，以政府作为责任主体，通过一定的制度安排和作用机制，为本国国民提供经济福利的国民生活保障和社会稳定系统。当前，中国基本公共服务制度改革仍处于政策选择和制度完善中，基本公共服务制度框架虽已形成，但对各参与主体的责任划分缺乏明确科学的界定，政府在多大程度上履行自己的职责和保障公民基本公共服务制度权利的实现等问题还摆在人们面前，推进数字政府建设不能忽视这些问题。要充分认识到，互联网技术及其应用日新月异、一日千里，稍有不慎，极有可能被甩出时代发展的快车道，提升老年人使用互联网的能力和水平已经成为不可回避的时代课题。必须考虑老龄化与技术进步的动态鸿沟问题，在此基础上建立动态的互联网助老基本公共服务制度。在发展中让全体社会成员都有机会接近移动互联，包括年长一代。首先，要面向全体社会成员宣传和普及移动互联网、智能设备使用和大数据知识，并将其视为推进公共服务体系建设的基础性工作。其次，强调线上与线下服务的重要性，加强线上线下服务一体化建设。再次，在地方政府、共同体以及公共空间铺设智能服务与物联网感知设备，通过社会组织成员、志愿者的引导帮助所有社会成员操作，提升设备使用率。

不管人们承认还是不承认，互联网已经在现实和虚拟融合中创造了一个超级世界。各种各样的网络产品，包括微信，不仅早就形成庞大的社群，还创造了自己的一套规定，也有一套与自己相适应的文化和价值观念。"制度只是事情的一部分而已。同样重要的是大多数人所持有的价值观。人们可以设计出完美的司法体系，但是只要大多数人觉得贿赂警察和法官没有什么大不了的，而且这些官员本身也觉得行贿、受贿是做事情的正常方式的话，这种体系并没有给人们以正义。制度要有效运行，就应该有相应的道德价值观来支撑。……所以，在现实中，正是制度和价值观的共同演进才让超级社会的合作成为可能，而一个统一的理论必须能够兼顾二者。"[1] 同样，理解这样一个超级社会，必须突破现有的理论和方法，必须进行理论创新。网络社群需要建立适应现实与虚拟社会需要的文化、价值观和行为准则。

互联网已经改变了世界。一旦技术真正改变了社会，人们往往自己还没有感觉，无动于衷。眼下，人们对互联网的应用引起的社会变化，网络使用铸造的社会关系模式、聊天交往方式都还缺乏深度思考。互联网已经深深改变了社会交往、社会生活，推动社会形成了新的社会组织形态、组织方式、关系模式。2020 年以来，新冠疫情广泛传播改变了人们的工作方式、交往方式、会议方式。会议、授课等各种交流由线下搬到线上。一开始人们不习惯，慢慢地习惯了，甚至还喜欢上了，也出现了线上会议或线上线下相结合的会议组织形式，未来也许它们会成为常态，需要进一步做的是，完善会议组织形式，提高传播技术，创新应用场景，使各种交流的效果大大提升。社会讲理性，尤其在公共空间和社会空间中，人们相处、交往、交流、交融需要公共规则。只有遵循公共规则，才能形成公共生活，共享共同资源。互联网社群要求人们遵守相应的道德规则，在分享信息、传播知识过程中同样是如此。要想使互联网社群取得效果，人们必须遵守认知规则和知识传播规则，做到理性、平和。"回音室效应指的是意气相投者聚在一起，同声相求，相互反馈，不断互激，因此使人尤其容易放松警惕，轻易盲从。与回音室效应同时发生的是信息流爆（information cascade）。信息流爆指的是个人处在一群人当中，有意或无意地接受别人的影响。不

1　彼得·图尔钦. 超级社会：一万年来人类的竞争 [M]. 张守进，译. 太原：山西出版传媒集团，2020：266-267.

管自己有没有想法，都跟着别人学样。所学之样可以是直接模仿，也可以是凭借猜测来推测别人的意思。"[1] 在一个社群里，如果关注全体成员，总看到那些主要刷屏的人，人们就会感觉这个群就是由这些人组成的，但还有大量潜水者，怎么让潜水者浮出水面，与大家一道实现群体目标，必须在了解群体心理基础上做好各项设计和谋划工作。

　　网络产品使用过程中出现的各种问题必须解决好。只有把问题解决了，才可以说是把现实和虚拟社会融合的问题解决好了，对策设计好了。解决问题必须实事求是，面对现实问题，不应当为了创建发展模式而创建发展模式，而是用模式来解决现实的问题。反过来说，把现实的问题解决了，模式也就出来了，必须贴近实地，坚持问题导向。模式有它的个性，同时也显示出其普遍性，问题解决了，对外推广的意义就显示出来了。不能老是把精力和工作重心放在推广上。目前，确实到了应该对网络产品的野蛮生长进行引导，促使其有序发展、健康成长的阶段了。眼下，每个人、几个人只要愿意就可以组建一个网络社群，大量的网络社群充斥移动终端、PC 机，有些有用，有些没用，有些只发挥了传播信息的作用，没有体现社交功能。从野蛮生长转向有序发展，应当提上当代网络社群管理的议事议程。必须认真研究，总结经验，发现规律，尊重科学，使其沿着正确的方向健康发展，成为社会交流、交往、思想探索、舆论引导的有效工具。"网络社会的经济由信息驱动，时空被压缩成一个'流动空间'（space of flows），组织和劳动结构将变得更加灵活多变，更容易进行重新配置，类似于相互联系的节点，而非工业时代工厂车间自上而下的结构。得益于全球网络连接和由数据驱动的计算能力，这样的组织超越了地理边界，克服了传统的工作日安排，成为一种全球性的网络化组织，可以在多个时区不间断运作。"[2]

1　迈克尔·帕特里克·林奇. 失控的真相：为什么你知道得很多，智慧却很少 [M]. 赵亚男，译. 北京：中信出版集团，2017：Ⅶ.
2　莎拉·罗伯茨. 幕后之人：社交媒体时代的内容审核 [M]. 罗文，译. 广州：广东人民出版社，2023：47.

　　基于共同体服务和治理数据、信息、智能平台前期的开发主要依托第三方这一现状，比如具有特定专长的网络公司，加强基层技术人员培养工作。现实情况是，一旦第三方交付使用网络平台给基层，后期使用、维护、更新、创新就会面临技术困难等问题，包括数据采集、上传、汇总，以及适应新形势的项目开发，因为这都需要一定的专业技术人员参与、跟踪、创新。继续依赖第三方，一方面成本高；另一方面，第三方对基层情况不熟悉，难以提出解决问题的切实办法。就目前城市共同体而言，此类人才稀缺，从长远发展考虑，推进共同体治理数字化势在必行，适应基层需要的人才培养要未雨绸缪。这需要在政策的顶层设计和基层运作中树立超前意识，把培养基层专业技术人才提上议程。

　　网络社会治理需要政府立法，需要互联网企业不断完善技术监管手段，需要全社会的积极配合。所谓配合，是指结合线上线下两个社会之间的互动，在社交媒体环境下重组社会结构，创新社会规则，开展社会活动，塑造良好的社会氛围。俄罗斯和乌克兰冲突是网络全球化进入新阶段第一场国家与国家之间的战争，俄罗斯地面重装部队既遇到激烈的枪炮冲突，也受到柔软韧性的全球网络回应，需要加强对这类现象的研究，以适应新发展阶段和全球形势复杂化态势，直面世界百年未有之大变局。要从法律和刑事犯罪等多个角度对言论自由和限制虚假信息传播进行明确规定，制定统一标准。虚假信息是对社会公正、言论自由、科学民主、民生福祉的巨大挑战。要进一步加强立法工作，完善虚假信息惩罚机制，包括严厉处置违规视频，及时中断违规直播，依法取缔违规账号等，打造天朗气清的互联网空间。要通过立法，明确规定科技平台、政府机构、社会群体、个体的责任，四者都有责任限制虚假信息流传，逐步形成科技平台、政府机构、社会群体、个人打击虚假信息的合力。逐步完善社交媒体虚假信息的自律机制，充分发挥主流媒体的主导作用和公信力。通过立法和宣传等途径，不断提高全体社会成员对虚假信息的免疫力，加大开发媒体阅读教育"疫苗"的力度，不断提高全体人民的集体免疫力。加强媒体，包括主流媒体和自媒体的专业素养培育。提高人民群众的媒体阅读素养和阅读能力。对借助热点事件，不当和故意蹭热点、玩梗，把痛点作为笑点，传播不当价值观和破坏平台氛围的传播坚决予以抵制，共同维护风清气正的互联网氛围。

《中华人民共和国国民经济和社会发展第十四个五年规划和 2035 年远景目标纲要》提出："加快建设数字经济、数字社会、数字政府，以数字化转型整体驱动生产方式、生活方式和治理方式变革。"[1] 这就要求各个部门能够通过链接，建设数据平台，优化决策机制，使政府决策更加优化，实现资源更好的配置，打破部门之间的数字鸿沟，最终走向平台化，实现生态互联，提高组织效率，通过数据系统量化责任，完善激励机制，实现组织创新。眼下，各地正在积极推进智慧技术的应用，建设各种服务平台、治理平台，这是重大转变。这种转变将进一步改变原有的行政管理框架和行政管理方式，逐步推动社会向扁平化转型，形成新的社会结构。互联网重要，但最终还是要人来使用。提升各类工作人员的素质、工作质量是做好工作的关键，必须强化法治理念。严格遵守法制、依法管理、依法行事是维护社会秩序的基础和关键。庞大的网民基数、各类服务和平台，以及共同体居民纵横交错的互联网、朋友圈形成了人人参与、人人可以贡献意见、人人可以表达思想的社会发展格局、社会结构的新形态。各类平台、朋友圈已经将社会成员连接起来形成了庞大的社会网络，他们的意愿、思想、参与已经在互联网中得到了表达，关键是现有的管理机构、管理部门如何把这些民意、要求加以整理，形成解决问题的办法和方案，使社会建设、政府管理在平台上形成良性互动，使问题得到更快更好的解决。网络塑造了新的社会体制。

随着平台升级，网络化程度会进一步提高，范围和规模会越来越大，

---

1 《中华人民共和国国民经济和社会发展第十四个五年规划和 2035 年远景目标纲要》，《人民日报》2021 年 3 月 13 日．

寄希望全国统一的大数据平台和政务平台的建立，这样会进一步推动社会结构转型。2021 年 5 月，国家发展和改革委员会同其他部门根据《关于加快构建全国一体化大数据中心协同创新体系的指导意见》（发改高技〔2020〕1922 号）部署要求，研究制定了《全国一体化大数据中心协同创新体系算力枢纽实施方案》，加快推动数据中心绿色高质量发展，建设全国算力枢纽体系，建立全国统一的数据平台，这些工作非常重要，对数据管理和社会治理都将产生深刻影响，对形成全国统一的、扁平化的社会结构具有深远的历史意义和现实意义。这种社会结构对治理的要求是：法治。把维护社会秩序建立在法律法规基础上，使全体居民严格守法，依法办事；干部恪守职责，依法履职。在法律的框架内，管好社会，管好自己。提高干部和居民的人文素质，随着数字化转型和在这种转型中形成的社会结构、政府治理结构，数字化改革会很快提上议程，要加快推进社会体制改革和政府管理体制改革，形成在信息化、智慧化基础上的扁平化社会结构和与之相适应的管理体制机制。建设基层社会，形成人们共同的生活、共同的价值，是一项复杂系统的工程，需要在推进社会主义现代化国家建设中认真研究，仔细谋划，把这项基础性工作做好。一方面形成有序的社会行动；另一方面使人民群众生活品质大大提高，实现社会高质量发展。必须把人民群众生活搞好，把社会建设好，只有这样，社会建设才会迈上新的台阶，形成新的社会结构和实现社会转型。

针对互联网领域出现的问题，政府和互联网企业在寻求治理办法。例如，国家权力机关——最高人民检察院以大数据赋能提高办案效率，包括提取案情要素，锁定侦查范围，利用智慧平台对法律文书检索，发现异常现象，深入调查，充分取证；人民法院建设智慧法院——网络办公、信息梳理、语音识别、智慧法院实验室、在线诉讼、在线调解、在线运行等。人类历史表明，世间秉承是非曲直，人间坚守真理良知，社会需要基本准则，否则互联网会把人们带入一个可怕、混乱、弱肉强食的社会。

第三部分

共同体的理论逻辑

共同体概念认知的历史叙事

伴随人类历史的悠久话题

人类共同体在时间和空间上的演变，很早就进入了先哲们的视野。自古以来，学者和哲学家就一直在探索共同体的概念，并在不同的文化和历史时期不断发展。古代哲学中，柏拉图在他的著作《理想国》中描述了一个围绕正义和共同利益构建的理想共同体，强调个人根据自己的能力和本性扮演角色的社会。亚里士多德在《政治学》中将共同体视为人际关系的自然延伸，从家庭单位开始，扩展到城邦，强调共同体福利高于个人利益的重要性。中世纪和文艺复兴时期的思想，托马斯·阿奎那（Thomas Aquinas，约 1225—1274）受基督教神学的影响，阿奎那认为共同体是实现道德和美德生活不可或缺的一部分，提倡由道德和宗教原则统治的社会的理念。相比之下，马基雅维利（Niccolò Machiavelli，1469—1527）在《君主论》中的思想侧重于权力和治理在共同体中的作用，提出了务实的、有时甚至是无情的方法来维持稳定和控制。启蒙与现代观点，让雅克·卢梭（Jean-Jacques Rousseau，1712—1778）在《社会契约论》中主张建立一个基于集体主权的共同体，公民积极参与治理，形成代表真正民主共识的"普遍意志"。卡尔·马克思（Karl Heinrich Marx，1818—1883）的共同体观与他对资本主义的批判有关，他设想了一个无阶级的社会，在这个社会中，共同体控制着生产资料，消除了阶级斗争。东方哲学中，孔子在儒家思想中，共同体植根于"任"（仁）和"礼"（正当行为）的概念，强调道德发展和共同体内部的和谐关系。各种印度哲学，包括印度教和佛教，都有其对共同体的解释，通常围绕着社会责任（佛法）和集体福祉的概念。纵观历史，共同体的概念一直受到当时经济、社会和政治条件以及当时的哲学和伦理理解的影响。虽然解释和定义各不相同，但大多数思想的共同点是关注个人与集体之间的关系，以及这些关系如何为整个社会的福利和运作作出贡献。

　　这本书里更多地谈谈马克思主义经典作家的共同体思想。马克思生活的那个年代，恰恰是人类社会经历了数千年的农业社会向工业社会的转型时期。马克思和恩格斯经历了两次这样的社会转型。一次是有以蒸汽机为基础的、由农业社会向工业社会的转型。第二次工业革命他们也经历了，在他们的思想和论述中都深深地得到了体现，主要集中在他们的共同体理论。对于他们这些思想的进一步挖掘，可以引导我们从更深层次理解人类共同体的思想、概念内涵及其在人类社会发展中的重要意义，包括实践意义、历史意义和理论意义，也为从更深层次理解共同体提供理论支撑。

　　在英文和德文中，共同体和社区概念是同一个词，它们在意义上交叉使用。但在中文语境下，无论学术研究中还是政策表述上，无论是历史上还是当下，共同体和社区概念的使用并不完全重合，甚至有不同的意义。因此，厘清二者之间的相互关系、来龙去脉，对于理解当前的学术研究、政策实施都具有重要意义。19 世纪，马克思与他的战友恩格斯一道，通过对人类社会演变的规律、结构和功能分析，展示了他们在社会领域中的智慧。马克思、恩格斯从历史、现实和未来多个角度对共同体问题进行分析研究，处在社会大转型时代的马克思、恩格斯把共同体作为分析旧世界与新世界以及认知未来世界的手段。

　　学术界围绕着马克思、恩格斯的"共同体"思想进行了一定程度的研究，取得了一些成果，主要观点有：共同体思想是马克思主义思想的重要组成部分，马克思主义理论揭示了共同体认同思想的实质，并阐释了共同体认同的基石，提出了"人的本质是人真正的共同体"[1]。马克思、恩格斯在《德意志意识形态》中对"共同体"理论进行了科学系统的阐述，从人的自由解放角度区分了真正的和虚幻的两类性质不同的共同体[2]。马克思对东方社会的传统共同体的不同类型进行了详细研究。例如，曾经长期研究印度并熟知梵文的著名学者季羡林指出，"关于东方历史的某一些特点，马克思已经指出，印度的生产方式是农业与手工业在家庭里的结合。手织机和手纺机产生了无数的织工和纺工，这就是印度社会构造的枢纽"[3]。为了深刻理解和把握东方社会的特点，马克思对印度传统社会共同体进行了深刻研究，揭示了印度历史上共同体的特点。

马克思在《关于费尔巴哈的提纲》中的表述："人的本质不是单个人所固有的抽象物，在其现实性上，它是一切社会关系的总和"[4]，并由此进一步延伸，在马克思看来，一般意义上的共同体是人们的社会关系的总和，各个民族、各个国家在不同历史阶段的共同体形式是它们在具体社会中的生产生活中的社会关系总和，从类型学角度，它们是社会关系模式。

在近代历史上，共同体既是人们面对社会转型，对传统社会关系的认知和发现，在此基础上寻找自己原来的踪迹，又是面对现实形成对新社会形态的解释，还是对巨大社会转型后的未来社会的愿景。纵观历史，共同体是非常复杂的概念，既包含了对历史的发现，也包含了对未来的发明，既有客观的认知基础，也有主观的未来愿景。对历史的发现是为了对现实进行解释，对未来进行发明，这是人类的认知特质。第一次工业革命开启了前所未有的生产秩序、生活秩序变革。当然，这种变革在不同的国

1　葛水林.马克思共同体概念论析及对人类命运共同体构建的时代启示 [J].南通大学学报（社会科学版），2020(6).

2　臧峰宇.迈向理想的共同体：批判中的重建——兼及《德意志意识形态》的政治哲学解读 [J].苏州大学学报（哲学社会科学版），2020(5).

3　季羡林.印度历史与文化 [M].北京：新世界出版社，2016：3.

4　卡尔·马克思，弗里德里希·恩格斯.马克思恩格斯选集 第一卷 [M].北京：人民出版社，2012：13.

家有着不同的时间节点，它最早发源于欧洲，特别是英国，进而蔓延到德国、法国、美国、日本。目前，这个过程在全球范围内依然在进行中。共同体的实践在各国有着共同的特点，也有着各自的特色，这取决于每个国家的地理、自然、历史、政治、文化、宗教等因素及其所铸造的社会结构特点。但工业化、技术进步对社会的推动，在性质上是一样的，动力上也是类似的。不同的是，由于各国既定的经济、政治、文化、社会、生态环境以及悠久的历史所形成的经济结构和社会结构差异，这种冲击和影响在各个国家的表现方式不一样。这也是为什么近代以来人们经常讨论本土化的原因之一。共同体是一种自然历史现象，它是人类在组织成为群体过程中形成的相互认同、相互认知、共同归属等组织形式和文化价值。每个个体、群体都在特定的人文环境中形成这样的组织形式和文化价值，在不同的历史阶段有不同的表现形式，如原始社会的部落、农业社会的村落，以及在村落基础上形成的各种区域性的共同体等。我们可以从历史发展进一步理解这个问题，通常表述的共同体的英文 community，在《不列颠百科全书》中被翻译为"群落"，将其视为生物学术语（biological community），"指居住在同一个地区的各种物种的个体组成的相互作用的群体"[1]。换句话说，共同体并非人类所独有的组织形式。追溯历史，共同体思想在柏拉图、亚里士多德等古代思想家的著述中已有阐述。中国传统文献对初民的共同社会生活有自己的描述，对人类未来提出愿景。《礼记·礼运》篇中讲"大同"，一方面阐释了先民们对共同生活的美好憧憬；另一方面阐释了先民们对现实这种美好憧憬的共同社会准则的制度安排，即"大同"的要义："男有分，女有归。货恶其弃于地也，不必藏于己；力恶其不出于身也，不必为己。是故谋闭而不兴，盗窃乱贼而不作，故外户而不闭。是谓大同。"[2]

1　美国不列颠百科全书公司.不列颠百科全书（国际中文版修订版）[M].北京：中国大百科全书出版社，2007：393.

2　秦川.四书五经　第三卷 [M].北京：北京燕山出版社，2007：1102-1103.

我们将《礼记·礼运》中的"大同"视为中国传统文化对"共同体"的早期探索。到了近代，康有为在其《大同书》中则把"大同"视为一种理想社会形态，对其进行细致的描述，例如，"大同之世，人无所思，安乐既极，惟思长生，而服食既精，忧虑绝无，盖人人皆为自然之出家，自然之学道者也"[1]。这只是康有为对"大同"的美好憧憬之一。在《大同书》中，康有为从诸多方面阐述了未来"大同"社会的特征，包括所有制形式、生产力水平、居住方式、交通出行、饮食服饰，甚至洗浴的规范等。早期人类，"较多的人口只有组织成一定形式的人类共同体才能得以维持生存；由于人多，可以按专长进行社会分工，这样就可以摆脱过去单纯依靠狩猎采集为生而受到的天然限制了"[2]。从特定区位上的人群到不同区位上的人们之间的交换、交流、交往，共同体的活动范围不断扩大，随之也产生了相应文化价值、风俗习惯，"在猎人和园艺种植者并存的区域，贸易产生了，馈赠所隐含的随着时间推移而发生的交易成为几乎所有土著人社会的一种特征，也许让他们得以生存下来。这是一种通过了解而使借贷得以实现的制度，以习俗为基础，这种赠予是相互的"[3]。再如，"加利福尼亚南部的丘马什人生活在相互距离很近的地方，但也包括能获得不同资源的群体"[4]。这些话描述了早期的共同体和早期不同生产类型基础的共同体之间的互动，18、19 世纪是人类历史上非常重要的变革时期，对发生在这个时期的巨大社会变革，思想家们从各自的视角进行分析，形成了自己独具特色的解释，包括托马斯·霍布斯（Thomas Hobbes，1588—1679）、埃米尔·迪尔凯姆（Émile Durkheim，1818—1917）、摩尔根（Lewis Henry Morgan，1818—

1　康有为 . 大同书 [M]. 长春：吉林出版集团，2017：265.

2　威廉·麦克尼尔 . 西方的兴起：人类共同体史 [M]. 孙岳，陈志坚，于展，等译校 . 北京：中信出版社，2018：9-10.

3　拉里·尼尔，杰弗里·G. 威廉姆森 . 剑桥资本主义史（资本主义的兴起：从远古到 1848 年）第二卷 [M]. 李酣，等译 . 北京：中国人民大学出版社，2022：214.

4　拉里·尼尔，杰弗里·G. 威廉姆森 . 剑桥资本主义史（资本主义的兴起：从远古到 1848 年）第二卷 [M]. 李酣，等译 . 北京：中国人民大学出版社，2022：215.

1881)、梅因（Henry Sumner Maine，1822—1888)、乔治·齐美尔（Georg Simmel，1858—1918) 等，事实上，那个时代关注社会形态和共同体理论的学者不止这些。想说明的是，这些思想家是潜心研究社会转型的先驱，几乎都是从历史到现实、从理论到实地综合研究和考察各国社会转型，并成为系统解释和构建出自己理论体系的学术巨人。如果说，18、19 世纪的几代学者经历了从传统农业社会向工业社会转型，从纵向反思传统农业社会与工业社会之间的关系，进而提出了社会形态理论、共同体理论，那么，之后不久，西方文化、西方工业向世界各地渗透，引发发展中国家和发达国家共同考虑民族问题、民族意识和民族主体性问题，构成了工业革命后，多元文化理论、共同体理论兴起的现实基础。

　　马克思在撰写《资本论》过程中，对上述历史过程进行了追述，这些追述反映在马克思一系列手稿中。1859 年马克思在其《政治经济学批判》序言中写道："大体说来，亚细亚的、古希腊罗马的、封建的和现代资产阶级的生产方式可以看作是经济的社会形态演进的几个时代。"[1]马克思开启的"东西方"的比较研究，拓展了历史唯物主义的视野。"自然形成的部落共同体，或者也可以说群体——血缘、语言、习惯等等的共同性，是人类占有他们生活的客观条件，占有那种再生产自身和使自身对象化的活动（牧人、猎人、农人等的活动）的客观条件的第一个前提。"[2]马克思在这里讲的共同体，是从历史发展、人类起源的视角理解的原始部落和居住在原始部落人们之间的相互需要而结成的统一性，和一起面对外部冲击，共同维护生存环境。他在撰写《资本论》过程中，分析资本主义经济之前各个民族共同体的基本特点，包括亚细亚、日耳曼、罗马、希腊等。例如，在马克思看来，"日耳曼的公社并不集中在城市中；而单是由于这种集中——即集

1　卡尔·马克思，弗里德里希·恩格斯 . 马克思恩格斯选集　第二卷 [M]. 北京：人民出版社，2012：3.
2　卡尔·马克思，弗里德里希·恩格斯 . 马克思恩格斯文集　第八卷 [M]. 北京：人民出版社，2009：123-124.

中在作为乡村生活的中心、作为农民的居住地、同样也作为军事指挥中心的城市中——公社本身便具有同单个人的存在不同的外部存在。……中世纪（日耳曼时代）是从乡村这个历史的舞台出发的，然后，它的进一步发展是在城市和乡村对立中进行的；现代的（历史）是乡村城市化，而不像古代那样，是城市乡村化"[1]。在历史分析基础上，马克思分析了古代社会中亚、西亚和日耳曼城市与乡村、所有制、财产等现象和要素的特点，以及个人与财产之间关系的不同表现形式，进而区分了东西方社会之间的共同点和不同点。马克思还研究了古代民族，那里有国有土地财产和私有土地财产相互对立的形式，比如说在罗马人那里就表现得比较显著。马克思也指出，在罗马，土地私有者同时也是城市居民，也就是说，土地私有者具有国家公民的身份，但在日耳曼民族，农民并不是国家公民。从马克思的论述中看到，马克思不是一般地阐述人类社会的历史和特点，而是对各个民族及其历史进行深入研究，从中挖掘古代社会中的各种经济关系和社会关系的各自表现形式。马克思对行业协会等现代组织形态也进行了分析，指出了它作为一种共同体形式以及其他劳动组织关系。马克思对共同体的分析，主要是为对资本主义经济制度分析做历史和理论铺垫，在对古代亚细亚、日耳曼、希腊、罗马等传统分析的共同体和他所处时代的资本主义的财产、土地关系分析的基础上，进而分析商品资本和剩余价值等要素，在分析资本主义制度之前的社会关系模式基础上分析资本主义经济制度本身，加深了对资本主义经济制度的认知，为《资本论》的写作奠定了历史基础。

马克思对早期共同体历史的研究是经过深思熟虑的，也是符合历史与逻辑关系的，他是在历史过程发现理论逻辑。"共同体"的历史变迁首先在语言和词汇上反映出来，最为典型的是德文 gemeinshaft 和 gesellschaft，英文 community 和 society，它们反映了不同群体、族群在历史变迁中的自

1　卡尔·马克思，弗里德里希·恩格斯．马克思恩格斯文集　第八卷 [M]．北京：人民出版社，2009：131.

我意识状态，以及逐步形成的共享身份。英文 community 从词源上可以追溯到古法文 comunete（每个人、公社）和拉丁文 communitatem, 以及拉丁文 communis（公社、共同体、社会、团契、友好交往、礼貌、谦逊和可亲）。在拉丁语中，前缀 com 表示"联合、合作、一道"等意思，删除"com"后，留下 munis，意思是指"加强、防御"的意思，表达了人们在关系与情感基础上形成的共同体具有普遍和共同的意思。与 community 比较接近的德文词是 gemeide，而不是 gemeinshaft，后者是指彼此产生活动的行政单位和宗教活动区域。"community 这个英文词，自 14 世纪以来就存在于英语语言中，"[1] 最初是指居住在同一地点的人们联系起来的意思。它在英文中的含义是不断变化的，从 14 世纪开始，community 先是用来指政府或组织形态的社会，尤其指小型社会组织或政府组织。整个 14 世纪至 17 世纪之间，主要是指平民百姓，以区别于有地位的社会成员。在 16 世纪，它拥有了公共特质，诸如共同利益、共同财产、共同身份等。"从 17 世纪开始，有些迹象显示 community 与 society 这两个词和含义的不同。"[2] 到了 18 世纪，Community 指的是一个地区的人民。进入 19 世纪，Community 在词义上比 society 更接近人们的日常生活，更具有现代意义上的社群关系之意义，society 则更有现代国家建构下的社会关系的涵义。Community 和 Society 这两个词在词义上有些接近德文的 Gemeinschaft 和 Gesellschaft。这两个词在进入 19 世纪后，与在工业革命和城市化进程、民族国家的发展、社会主义思潮，以及社会学研究呼应起来。例如，在中国，成稿于新中国成立之前，新中国成立之后又加以修订的《英华大词典》把 Community 定义为：第一，地方社会（社会学家、民族学家吴文藻在 20 世纪 30 年代对 Community 就是这样翻译的），包括公社、村社、集体、乡镇、群落、社群；

---

1 雷蒙·威廉斯. 关键词：文化与社会的词汇 [M]. 刘建基，译. 北京：生活·读书·新知三联书店，2016：125.

2 雷蒙·威廉斯. 关键词：文化与社会的词汇 [M]. 刘建基，译. 北京：生活·读书·新知三联书店，2016：125.

第二，颇有地方社会的意味；第三，共有、公用、共同体；第四，共（通）性、类似性。[1] 国际上的共同体理论在 20 世纪初传入中国。20 世纪初期的中国学术界根据英文中的 Community 和德文 Gemeinshaft 翻译，涉及的相关中文词汇有三个，为"基本社会""地方社会""共同社会"，它们都是指社会的基础性组织和结构，中国传统文化本无"社会"一词，只有"群"的概念与之对应，社会一词也在近代由日本传入。如前所述，中国传统文献对于初民的共同社会生活有自己的描述，对人类未来提出了愿景。近代以来，西方文化在进入东方社会的进程中，或多或少都会遇到与所在国家文化和历史的碰撞与融合。吴文藻在 1934 年发表《德国的系统社会学派》，介绍滕尼斯的社会学理论，认为他受到了马克思的影响，并指出滕尼斯把社会分为"自然社会"与"人为社会"，[2] 也就是人们现在说的共同体与社会。在吴文藻看来，自然社会产生后，它的发展按照一定的次序，最初为家族与亲属，继而为邻里，最后是民治共同体；人为社会是近代资本主义发展的结果。与自然社会、人为社会对应的是文化与文明。文化是自然社会的特征，文明与人为社会相近。吴文藻是比较早从中外学术视角介绍了民族与国家的学者，在他的影响下，费孝通开启了自己的社会学和民族学研究，成为社会学中国学派的重要成员之一。人类以何种形式共同生活，取决于人们之间的互动程度，更取决于被马克思称之为基础的生产活动。15 世纪开始的全球探险活动，加速了地球上原先各自独立的群体、族群之间的交往交流交融，开始唤醒各个共同体的自我意识。"欧洲社会最为根本的特征就是地域性国家绝对凌驾于所有相互矛盾的社会结合原则之上。这一特征起源于希腊城邦，它将这一特征发展到一种极致，此后就很难再望其项背。"[3] 根本性的变化来自工业化和城市化。由于工业化和城市化，大量来自

1　郑易里，曹修成．英华大词典 [M]．北京：商务印书馆，1989：275.

2　吴文藻．吴文藻人类学社会学研究文集 [C]．北京：民族出版社，1990：86.

3　威廉·麦克尼尔．西方的兴起——人类共同体史 [M]．孙岳，等译校．北京：中信出版社，2018：225.

不同地区的人们带着不同的共同体的规范汇集到一起，特别是那些新的社会成员来到城市区域，他们发现，他们在情感上无所寄托，缺乏一种牢固建立的行为和信仰方式以让他们能够自然和无意识地遵循。在这种环境中，人们显然会丢弃通常把人们分成共同体的行为规范。"从 20 世纪 60 年代的观点来看，这场工业革命开始于 200 年前的英国，仅仅一个多世纪以后就达到了真正大规模的繁荣，构成了我们时代之前的一场人类经济与社会生活的突变，看来似乎完全可以与从捕猎过渡到农牧业的新石器时期的变化程度相比拟。"[1]19 世纪中叶，传统的乡土社会生活方式变革，几乎同时发生在伊斯兰世界、印度、中国、日本这些国家，只是这种变革在各国的进程有快有慢。总体看，撒哈拉沙漠以南的非洲可能要晚大约半个世纪。在 Gemeideshaft 这个概念被马克思、滕尼斯界定和诠释之前，不少民族语言中已经有了类似的对应词表述 Gemeideshaft 所提出的社会生活形态的各自语言形式。从历史上各个国家的生产力状况看，各个国家都有自己的国情，但在相似的生产力基础上的发展，大致经历的发展形态是一致的，这符合马克思对人类发展的分析：大致相同的生产力水平会造就类似的社会组织结构。各个民族在自己的语言中对共同生活的经历会有类似的语言表达，也证实了马克思主义的基本原理：不是人们的意识决定人们的存在，而是人们的存在决定人们的意识。

马克思恩格斯视野中的共同体

马克思主义经典作家对资本主义社会的共同体进行了深刻的描述。与同时代的其他思想家不同，马克思主义经典作家构建自己的共同体思想主要围绕着对资本主义制度的分析进行历史发现，通过对资本主义制度相关

---

1 威廉·麦克尼尔. 西方的兴起——人类共同体史 [M]. 孙岳，等译校. 北京：中信出版社，2018：750.

要素背后的社会关系分析发现资本主义制度所依赖的共同体。在此基础上，马克思主义经典作家对未来人类社会关系模式和共同体形式进行了探索。

马克思的《资本论》从商品开始，分析了资本主义制度的运行过程，涉及商品、货币、生产等要素。在对经济要素分析的过程中，他同时分析经济活动背后的社会关系，包括各类共同体。关注所有制形式及其相关的生产关系，并将后者视为商品交换的基础。他写道："某一个共同体，在它把生产的自然条件——土地（如果我们立即来考察定居的民族）当作自己的东西来对待时，会碰到的唯一障碍，就是业已把这些条件当作自己的无机体而加以占据的另一共同体。因此战争就是每一个这种自然形成的共同体的最原始的工作之一，既用以保卫财产，又用以获得财产。"[1] 在马克思看来，共同体把财产看作自己的东西，当然马克思也认为语言是共同体的属性。[2] 但马克思对共同体的分析中更侧重财产和生产，以下论述更能够全面表达马克思对共同体的思考："共同体以主体与其生产条件有着一定的客观统一为前提的，或者说，主体的一定的存在以作为生产条件的共同体本身为前提的所有一切形式（它们或多或少是自然形成的，但同时也都是历史过程的结果），必然地和有限的而且是原则上有限的生产力发展相适应。生产力的发展使这些形式解体，而它们的解体本身又是人类生产力的发展。人们先是在一定的基础上——起先是自然形成的基础，然后是历史的前提——从事劳动的。"[3] 这与我们在上一部分的分析是一致的，秉承历史逻辑与思想逻辑一致是马克思认识论的基本原则。在对大量历史资料分析的基础上，马克思把共同体问题聚焦到资本主义社会的共同体："生产力——财富一般——从趋势和可能性来看，普遍发展成了基础，同样，交往的普遍性，

---

1 卡尔·马克思，弗里德里希·恩格斯. 马克思恩格斯文集 第八卷 [M]. 北京：人民出版社，2009：141.

2 卡尔·马克思，弗里德里希·恩格斯. 马克思恩格斯文集 第八卷 [M]. 北京：人民出版社，2009：140.

3 卡尔·马克思，弗里德里希·恩格斯. 马克思恩格斯文集 第八卷 [M]. 北京：人民出版社，2009：148.

从而世界市场成了基础。这种基础是个人全面发展的可能性，而个人从这个基础上出发的实际发展是对这一发展的限制的不断扬弃，这种限制被意识到是限制而不是被当作神圣的限制。个人的全面性不是想象的或者设想的全面性，而是他的现实联系和观念联系的全面性。由此而来的是把他自己的历史作为过程来理解，把对自然界的认识（这也作为支配自然界的实践力量而存在着）当作对他自己的现实躯体的认识。"[1]《资本论》围绕着生产、消费、分配、交换等因素展开分析，对其背后的社会关系进行剖析。由此可见，社会意义上的共同体，即人们的社会关系模式，是随着经济活动不断拓展的。马克思甚至提到了世界市场，认为世界市场将成为交往的基础，人们在此基础上进一步延伸自己的社会关系。马克思从社会生活入手，从所有制关系开始，将自己的分析延伸到商品交换和整个生产过程，进而从部落之间的交换拓展到全球市场，表明马克思、恩格斯思想之博大精深和对共同体思想分析之深刻。这是马克思对共同体理论的重要贡献，是理解 19 世纪资本主义共同体的形成过程的思想指南，对当代理解共同体发展和开展共同体研究具有重要的思想启迪。马克思从人的生活入手，恩格斯从血亲关系入手，对资本主义社会形成之前的共同体溯源，为认识共同体奠定了历史和理论基础。站在巨人的肩膀上，我们可以进一步理解在经济发展、市场扩大基础上，社会关系模式会发生的深刻变化，以及统一市场和现代化建设对于一个民族、国家内部各个群体之间关系的影响，以及在全球范围内国与国之间在全球化环境下的社会关系变化，这是理解共同体演变的理论基础，是必须遵循的马克思主义的基本原理。

在《政治经济学批判（1857—1858 年手稿）》中，马克思比滕尼斯更早阐述了"共同体"这一概念，前者在对各种早期生产方式和生活方式进行比较研究中发现："劳动主体所组成的共同体，以及以此共同体为基础的

1　卡尔·马克思，弗里德里希·恩格斯.马克思恩格斯文集　第八卷 [M].北京：人民出版社，2009：170-171.

所有制，归根结底为劳动主体的生产力发展的一定阶段，而和该阶段相适应的是劳动主体相互间的一定关系和他们对自然的一定关系。"[1]他使用共同体视角对各个民族、各个地区的早期发展进行分析，包括亚细亚、日耳曼、罗马、希腊等。在马克思、恩格斯看来，人类在其发展的一定历史阶段，尤其发展初期，由于生活和生产需要共同组成家庭、部落，并以血缘、语言、习惯等为制度基础，共同实现生存和发展的目的。每个人作为共同体成员，遵循共同体基本规范。[2]理解这点，可以推断为什么滕尼斯在写《共同体与社会》之前，认真阅读马克思著作的原因了。后来恩格斯在其《家庭、私有制和国家的起源》一书中，也将群婚制度中的性关系称为"性共同体"，在马克思、恩格斯那里，"共同体"是作为人类的一种社会生活形态来使用的，在对资本主义社会的分析中，马克思、恩格斯提出了货币共同体、资本家共同体、劳动者共同体等。马克思、恩格斯生活的那个年代，是社会大转型的年代，欧洲工业革命推动商品在全球范围内流动，人类学家、考古学家在全球范围内进行学术探索，学者们对早期人类历史、各个民族进行的研究，使马克思、恩格斯有条件对早期人类社会历史有更全面的把握，其中包括对马克思、恩格斯思想产生重大影响的摩尔根的《古代社会》。恩格斯在晚年写的《家庭、私有制和国家的起源》一书指出，"只是在大约十年以前，才证明了在俄国也还继续存在着这种大家庭公社；现在大家都承认，这种家庭公社，像农村公社一样，在俄罗斯的民间习俗中深深地扎下了根子，他们出现在俄罗斯最古的法典。即《雅罗斯拉夫的真理》中，其名称（vevjy）和达尔马提亚法典中所用的相同，他们在波兰和捷克的史料中也可以得到证明"[3]。从历史的逻辑看，恩格斯的《家庭、私有

---

1 卡尔·马克思，弗里德里希·恩格斯.马克思恩格斯文集　第八卷[M].北京：人民出版社，2009：146.

2 卡尔·马克思，弗里德里希·恩格斯.马克思恩格斯文集　第八卷[M].北京：人民出版社，2009：123.

3 卡尔·马克思，弗里德里希·恩格斯.马克思恩格斯文集　第四卷[M].北京：人民出版社，2009：71.

制和国家的起源》是沿着一条历史脉络：从家庭关系、家庭类型到私有制、国家，他在分析历史的同时，也在空间结构上对不同民族，比如说易洛魁、希腊、雅典、罗马、凯尔特人等，甚至包括印度、俄罗斯都进行了分析。在这一点上，他超越了马克思的《资本论》中对资本主义经济制度的共同体的分析，把研究范围上升到了国家层面。他所写的《论封建制度的瓦解和民族国家的产生》使共同体的研究上升到了新的层面。

　　在对资本主义基本矛盾深刻分析基础上，马克思、恩格斯把共产主义视为人类社会发展的最高形式，作为理想类型的共同体，认为只有在这种共同体中，人类才能得到自由、全面的发展，这种自由和全面发展是通过人的自由联合实现的。在马克思和恩格斯的思想中，共同体显然不仅包含滕尼斯所阐述的"共同体"的含义，即人们的各种组织形式和生活形态，历史的和现实的，它同时也是一种社会理想。马克思在《德意志意识形态》中阐述，共同体由原始的共同体、虚假的共同体和真正的共同体三种类型，想以此勾画人类社会发展的脉络，构成其唯物史观的基本内容："只有在共同体中，个人才能获得全面发展其才能的手段，也就是说，只有在共同体中才可能有个人自由。在过去种种冒充的共同体中，个人自由只是对那些在统治阶级范围内发展的个人来说是存在的，他们之所以有个人自由，只是因为他们是这一阶级的个人。从前各个人联合而成的虚假的共同体，总是相对于个人而独立的；由于这种共同体是一个阶级反对另一个阶级的联合，因此对于统治阶级来说，它不仅是完全虚幻的共同体，而是新的桎梏。在真正的共同体的条件下，各个人在自己的联合中并通过这种联合获得自己的自由"[1]。这段话可以从三个角度理解，马克思表达了他关于社会的基本观点，正如我们在第一部分中已经交代的，在马克思看来，人的本质是一切社会关系的总和，个体只有在社会关系、生产关系中才能够实现生产和

1　卡尔·马克思，弗里德里希·恩格斯.马克思恩格斯文集　第一卷 [M].北京：人民出版社，2009：571.

再生产，才能生存和发展。他对于当时流行的关于共同体的种种阐述，认为是虚假的共同体，因为在这种共同体中，个人是没有自由的，必须从属于某一阶级或国家。在马克思看来，真正意义上的共同体是在个人的联合中来实现人的自由发展的共同体。马克思在对历史上的各种共同体的描述和论述之后，又提出了关于人的自由发展的共同体的发现。马克思是从经济发展分析了从农业社会到工业社会的转型过程，强调了经济力量这种带有普遍性意义因素的价值，而滕尼斯则关注那些从农村中转移出来的工人们的居住和日常生活型态。[1] 如果说马克思在先前的研究中，对历史上的各个部族公社制度的研究，对资本所形成的现实共同体的研究是发现人类共同体的形成及其发展，那么，他提出关于人的自由联合共同体思想，是对未来社会的憧憬、愿景，是在发现基础上进行的发明。马克思、恩格斯关于真正共同体思想为后人认识社会发展趋势奠定了坚实的基础。

当下讨论马克思、恩格斯的共同体思想不能不讨论滕尼斯，因为相当一个时期，中国社会学（包括人类学）恢复重建至今，学术界相当一部分同仁认为"共同体"思想是滕尼斯的创造，甚至共同体概念也来自滕尼斯。滕尼斯通过《共同体与社会》一书系统分析界定了 Gemeinshaft（共同体）和 Gesellschaft（社会），赋予两个概念学术意义、学术价值，通过其学术思想表达了一定的社会思潮，例如社会主义和共产主义思想。滕尼斯的《共同体与社会》深深打上了 19 世纪三大学术思潮的烙印，即达尔文进化论、马克思经济学说以及摩尔根古代社会理论。

滕尼斯的共同体思想受马克思影响较大，当然也有自己的特色。滕尼斯在构思"共同体与社会"理论框架过程中，反复阅读马克思、英国法律史学家历史法学派亨利·詹姆斯·萨姆那·梅因等人的著作，最终把自己的理论与社会主义和共产主义学说联系在一起。后来，他为了政治上的考

1　丹尼尔·亚伦·西尔. 场景：空间品质如何塑造社会生活 [M]. 祁述，吴军，译. 北京：社会科学文献出版社，2019：181.

虑又将其学说定位到社会学的基本理论层面。某种程度上，滕尼斯的"共同体"思想更类似于同时代思想家们的社会形态思想，与人类学家研究的共同体有所不同。滕尼斯在 1878 年夏天第一次阅读了马克思的《资本论》，对马克思产生了敬意，之后又阅读了恩格斯的著作，他说，"我赞成将'共产主义'和'社会主义'视作一对科学概念"[1]。在滕尼斯着手写作《共同体与社会》的 1883 年，马克思去世了。滕尼斯在恩格斯去世的头一年还与他见过面。作为学者，滕尼斯希望通过探索提出自己的独特学术观点。与同时代的学者一样，滕尼斯不希望自己完全跟在马克思、恩格斯身后邯郸学步，而希望另辟蹊径，创立自己的思想体系。1885 年，滕尼斯全身心投入《共同体与社会》的写作，当时，马克思和恩格斯的共产主义思想已经成为欧洲思想界的重要思潮之一，滕尼斯考察了这个时代的社会哲学体系，把"历史主义"和"理性主义"与"共产主义"和"社会主义"一同分析，逐步形成了关于以传统农业社会特征与以现代商业社会为特征的理论构想。在方法上，滕尼斯把德国人擅长的思辨分析与英国人擅长的实证分析有机结合起来，分析欧洲乃至整个世界所处由传统农业社会向工业社会变革的过程。在写作过程中，他不断阅读历史学和人类学文献，还从经济、政治、法律、历史的诸多方面丰富"共同体"和"社会"的理论内涵。他在 1887 年 2 月完成了这本书的创作，并将副标题确定为"作为经验的文化形式的共产主义与社会主义"。之所以采用这样一个副标题，是因为他想以此来回应当时社会上流行的共产主义或社会主义口号，试图将其视为现实生活的一部分，而不仅仅是空想或幻想，但这种提法与当时的德国政治氛围不相适应。在德国皇帝统治下的国家，"社会主义或共产主义"被认为是对当时政治体制的挑衅，在 1912 年第二版时，他将副标题改为"纯粹社会学的基本概念"。与马克思更多关注经济运行的共同体不同，滕尼斯更关注共同体的制度和精神内涵，"这类整体是：①氏族，部落，民族；

1　斐迪南·滕尼斯.共同体与社会 [M].林荣远，译.北京：商务印书馆，2019：528.

②宗教的全体，有别于包括在整体之内的某种有组织的教区、教会或者教派；③等级共同体和职业共同体。这些整体共同具有某种经济的或者一般社会的、某种政治的和某种精神的一般道德的性质；在不同的方式中，这种性质或那种性质或多或少会突出一些，明显一些"[1]。如果说，马克思更多地关注了社会运行的"理性"现象，特别是经济行为，那么滕尼斯则更多关注了"非理性"现象，这也与当时整个社会思潮的走向有着密切的关系。"19 世纪 70 年代以后，并且几乎肯定与大众政治的出现相关联的是，统治者和中产阶级观察家们重新发现了'非理性'因素在维系社会结构和社会秩序中的重要作用。"[2]"非理性"现象是人类社会发展中的客观现象。现代学者拉里·尼尔（Larry Neal）和杰弗里·G. 威廉姆森（Jeffrey G.Williamson）在其《剑桥资本主义史》中也指出了传统共同体与商业社会之间的差别："家族的核心作用不应被低估，因为它至少支持了商业革命的第一个主要阶段。家族环境让价值观和信任得以传递，这使得家族成员、客户和邻里之间的合作变得更顺畅，他们有着情感纽带和商业联系的传统。"[3]在这里，他们一方面指出了传统共同体的特点，另一方面也指出了现代商业社会的特点，同时也指出了它们之间的联系："习俗是人际关系中的一个基本要素，是法律和社会实践的交汇点。正如婚姻可以通过公开、社会认可而有效益一样，一些权利也可以通过使用和传统得到承认。"[4]不同的是，二位学者指出了商业社会产生的行业组织的新特点和新趋势："各种组织和技术创新支持了所谓的'商业革命'。强化这种现象的社会结构由一种亲属关系、友谊和邻

1 斐迪南·滕尼斯.新时代的精神 [M].林荣远，译.北京：北京大学出版社，2006：39.

2 埃里克·霍布斯鲍姆，特伦斯·罗兰.传统的发明 [M].顾杭，庞冠群，译.北京：译林出版社，2020：267.

3 拉里·尼尔，杰弗里·G.威廉姆森.剑桥资本主义史（资本主义的兴起：从远古到 1848 年）第二卷 [M].李酣，等译.北京：中国人民大学出版社，2022：339.

4 拉里·尼尔，杰弗里·G.威廉姆森.剑桥资本主义史（资本主义的兴起：从远古到 1848 年）第二卷 [M].李酣，等译.北京：中国人民大学出版社，2022：353.

里关系的系统构成，从而形成了非凡的社会资本存量。"[1] 拉里·尼尔和杰弗里·G. 威廉姆森研究还发现："长途贸易连接了欧洲大陆。共同的宗教和文化发挥了作用——文艺复兴与启蒙运动做出了贡献。统一和有能力的国家的发展与宪政的出现也发挥了作用。经济成功的根本决定因素似乎在文化、社会和政治领域，而不是简单的技术领域。"[2] 他们的分析与马克思和恩格斯、滕尼斯的分析异曲同工，这就是历史在逻辑中的不同展现。同一历史在不同学者的思想表达方式不一样，话语体系、学术体系、学科体系不同，但反映的却是同一历史过程。

马克思主义经典作家以经济关系为基础的共同体内涵为出发点，从历史、现实和未来三个角度进行了阐释，是对人类千年未有之大变局的积极回应。19 世纪的思想家对"共同体"传统的挖掘并赋予其现代意义，形成其现代根基，本质上是企图找到人类的本质属性。我们研究和关注马克思及其同时代的人们的共同体思想，一方面，是为了追溯历史对他们思想所产生的影响，理解他们的思想所具有的划时代意义；另一方面，可以在他们思想基础上看百年未有之大变局起点上的各种现象，进而从更深层次、大历史视野去理解 20 世纪、21 世纪人类共同体的演化趋势、各种文化、族群和民族之间的交流交往交融的方向，以及化解各种纠结矛盾冲突的途径。马克思、恩格斯之后，资本在全球范围内有了不同的发展，包括制造业的扩散、世界农业增长、农业专业化组织发展、技术传播、私人和公共领域的创新、政府变革、企业创新、企业模式创新、金融资本、国际资金流动、殖民地、战争、劳工运动、福利、公共财政、新的全球秩序等新情况新问题，这些都需要通过研究其背后的社会关系得以深刻理解和把握，探索人类命运共同体建设。回应本文一开始提出的问题，共同体是人类生

1　拉里·尼尔，杰弗里·G. 威廉姆森. 剑桥资本主义史（资本主义的兴起：从远古到 1848 年）第二卷 [M]. 李酣，等译. 北京：中国人民大学出版社，2022：371.

2　拉里·尼尔，杰弗里·G. 威廉姆森. 剑桥资本主义史（资本主义的兴起：从远古到 1848 年）第二卷 [M]. 李酣，等译. 北京：中国人民大学出版社，2022：266.

活的组织形态、社会关系模式，自有人类就有共同体。近代，随着欧洲的贸易和工业化扩张，宗教信仰和文化价值的传播导致各国各民族之间围绕着多元文化和多元世界争来争去，这种争来争去背后是扩张者为自己的扩张行为正名，和被扩张拒绝扩张者的扩张而为自己的主体性争辩的过程。这种争来争去从 20 世纪延续到 21 世纪，与此同时，永无止境的经济增长成为各国合作的基础，但经济的持续增长带来的环境、生态、资源的巨大压力，人类之间、国与国之间的矛盾又转化为整个人类与自然界之间的矛盾和冲突，不断推动人们思考人类如何生存下去这一全球大课题。[1] 几个世纪以来，人类一直致力于理解和发现共同体的来龙去脉、在不同历史阶段的特征和不同领域的表现形式，它们反映在马克思主义经典作家的各种著作中，马克思、恩格斯的探索为新时代的共同体研究奠定了理论基础、学术基础。马克思主义经典作家们以不同的语言形式、思想风格发现共同体的基本内涵。同时，处在社会大转型时代的人们，在构想共同体，发明共同体。在这个历史发展过程中发现的共同体和发明的共同体，都构成了共同体理论和思想的重要内容。有时它们是分开的，有时它们是交织在一起的，这需要去深入分析，发现它们的相同点和不同点。

当代的视角，如前所述，19 世纪末 20 世纪初，滕尼斯区分了"Gemeinschaft"（共同体）和"Gesellschaft"（社会），前者基于紧密联系的、通常是传统的社会纽带，而后者则更加非个人化和契约化。20 世纪以来，让·莱夫（Jean Lave）和埃蒂纳·温格（Etienne Wenger）在其关于《实践共同体》著作中，重点关注共同体内如何进行学习和身份发展。他们强调共同实践和相互参与在塑造共同体中的作用。贝尔·胡克斯（Bell Hooks，1952—2021）是一位文化批评家和女权主义理论家，她研究了边缘化群体背景下的共同体概念。她强调了挑战权力结构和促进社会公正的

1　沃尔夫冈·赖因哈德.征服世界：一部欧洲扩张的全球史 [M].周新建，皇甫宜均，罗伟，译.北京：社会科学文献出版社，2022.

包容性和平等主义共同体的重要性。哈佛大学教授罗伯特·D.帕特南（Robert D. Putnam），《独自打保龄》一书的作者，讨论了现代社会中社会资本和公民参与度下降的问题。他探讨了技术和社会动态的变化如何影响共同体意识和社会联系。曼纽尔·卡斯特（Manuel Castells）在《网络社会的兴起》等著作中分析了数字通信对共同体的影响。他探讨了网络化、全球化的世界如何影响21世纪共同体的形成和结构。

自古至今，人们一直从哲学、社会学和文化的角度研究共同体概念。学者们思考了人际关系的本质、共同利益、社会纽带以及共同体随着社会变迁而不断变化的动力。这些不同的视角有助于我们对共同体概念有一个细致入微的理解。

当前人类面临百年未有之大变局，对于传统共同体的反思发现和对于未来共同体的发明，又把人类推向了历史的前沿。面对错综复杂的国际形势、国家关系、族群互动，相信人类有足够的知识储备、思想积淀、认知能力去进一步深化研究历史上的共同体的发展进程、逻辑演变过程，并根据当代经济社会发展的特点、科技进步的趋势构建未来的共同体，探索适合全体社会成员需要的未来的共同体形式。

《想象共同体》一书的作者从历史角度，对业已形成的民族共同体进行剖析后指出，现代人类在想象中对现存的共同体进行着的诠释，形成了对共同体历史文化认同的建构。但这种想象是对以往历史的想象。面向未来，尤其是面向以人工智能为基础的互联网技术迅速发展和人类面临着新的产业革命，以及在硅基人类基础上形成的新的社会关系、人类网络。硅基人类与碳基人类之间是一种什么样的关系？他们如何相处？他们之间的规则如何制定？在更高层次的基础上，硅基人类与碳基人类如何组建生命共同体，一种完全不同于传统农业社会、工业社会的共同体已经摆在了人类面前，人们不能不去思考这些问题。面对这些问题，在这里的想象，已经不是对过去的想象，已经不是简单通过对过去的想象和构思形成一种对历史的认同、文化的认同，而是面向未来，对在未来的历史进程中硅基人类与碳基人类如何相处，这同样需要想象，需要构建未来的共同体。通过编程设计构建一个能够使碳基人类和硅基人类共同生存、共同发展的一种新的社会共同体吗？如果是，这将大大改变原有的社会规范和规则，甚至改变原有的世界观、人生观、价值观、审美观。当人类离开地球，进入星系，进入包括火星在内的其他星球建立人类新的定居点，形成不同星球之间的贸易、人际关系，这时的人类社会已经完全超出了原有的想象和原有的文化构架，原有的世界观、价值观、审美观、人生观都将发生深刻的变化。当人类的信息能够被复制到硅基人类的芯片上，并伴随着硅基人类遨游宇宙，这将是一种什么样的景象？这将是一种什么样的理论和方法能够去面对、能够去解释的？这已经超出了原有的理论和想象。

社区与共同体

在中国，人们对共同体的认知经历了不断深化的过程。马克思和恩格斯经历了第一次、第二次工业革命，之后，人类又发生了第三次工业革命，目前正在经历第四次工业革命，而且，每一次工业革命的势头、技术创新程度都是一浪高过一浪。马克思和恩格斯的共同体思想不仅在各国因文化、历史等因素不同而产生不同的理解，也发展出不同的形式。社区通常是中国人表达共同体的一种语言形式。

"社区"这一概念在中国使用频率极高。无论是社会学人类学理论与方法、社会治理与共同体服务、民族调查，还是政府相关政策，都不时提及这一概念。到目前为止，人们对共同体这一概念在中国的来龙去脉仍有不同说法，对共同体建设的含义也有不同理解，为此，我们在这里拟在学术界已有研究的基础上，厘清在中国社会学、人类学、民族学、社会建设、社会治理、民族发展中具有基础性意义的中文概念"共同体"在中国近现代学术史上的来龙去脉。

改革开放尤其是中国社会学恢复以来，人们对社区进行了多层次多维度的研究，大致可以归纳为民族学和人类学意义、社会学意义以及政治学意义三个维度的探索。

有人从民族学和人类学对民族社区进行研究，试图勾画社区研究的古典类型学理论、人类生态学理论、城市理论、社区权力理论以及中国社会学派的理论等。[1] 实际上从民族学角度审视社区问题与从人类学和社会学视角分析这个问题大致相同。有学者研究，社会学的社区研究着眼于对文明社会的研究，人类学则侧重于对传统农业社会的研究，强调"未来的社区研究要承袭此前将社区与外界联系起来的研究脉络，但更应该重视社区作为一个独特世界所具有的地方性意义和对多元社会文化所具有的贡献，这是新时期学术与时代共同赋予的主题"[2]。

在社会学意义上，**一是**把 20 世纪 80 年代开展的小城镇、农村发展、边疆地区开发等归结为社区研究。[3] 我们理解，这是把"社区"作为一种研究方法，即用社会学的研究方法研究特定区域中的问题，主要是借鉴老一辈社会学在 20 世纪三四十年代开展实地研究的方法。这个时期，也有人介绍国外社区研究方法，如法国社区分析方法，并对从社区特征到社会变迁进行研究。[4] 也有人提出，由费孝通等前辈开创的中国社区"微型"研究在人类社会进入全球化时代是不是已经不适应新的发展形势？或者需要创新和变革，认为有必要对面临的挑战进行梳理。[5] **二是**对社区的基本理论进行研究，如中山大学社会学系教授何肇发主编的高等学校文科教材《社区

1　高永久，朱军．民族社区研究理论的渊源与发展 [J]．西南民族大学学报（人文社科版），2009(12).

2　崔应令．回顾、反思与重构：近百年来中国社区研究 [J]．华中科技大学学报（社会科学版），2011(1).

3　方明．社区研究述评 [J]．天津社会科学，1990(2).

4　胡韦．法国社区分析的发展 [J]．中山大学学报（哲学社会科学版），1987（2）.

5　焦圆圆．社区研究"中国化"的困境与前景 [J]．科教导刊（中旬刊），2010（12）.

概论》，阐述了社区概念、基本类型、主要原理、研究方法，以及社区基本结构和变迁过程。[1] **三是**对国外社区研究的理论进行介绍、研究和评论，如桑德斯在 20 世纪 70 年代提出的社区研究的三种模式，"即社会体系的模式、社会冲突的模式、社会场域的模式，并对此作了比较分析"。[2] 夏建中在其《现代西方城市社区研究的主要理论与方法》一文中，讨论了当代社会学对城市社区研究的主要理论和方法："第一是城市社区邻里关系与社会网络研究，包括'社区失落论''社区继存论''社区解放论'；方法主要是网络分析方法。第二是社区权力的研究，包括'社会精英论'和'多元政治论'"[3]。**四是**关于社区研究方法首创者的研究，有学者认为美国人类学家路易斯·亨利·摩尔根在塞纳卡部落和其他印第安部落所做的实地调查中开启了社区研究的先河。[4] **五是**关于滕尼斯社区概念的历史变迁，认为滕尼斯主张社区是"社会类型"之一。持有相同观点的学者还认为，滕尼斯提出的 Gemeinschaft 和 Gesellschaft 反映了两种不同的生活方式和社会进程，后流传到美国转化为 Community 和 Society，成为社会学芝加哥学派的基本概念。[5] 持此类观点的还有，把社区界定为本体论意义上的"社区"研究和方法论意义上的"社区研究"，"从国家——社会与行动者、社区参与、社会资本与社会网络、日常生活与阶层、社区的分化与分化的社区五个主题梳理了国内社区研究的新进展"[6]。"中国社区在本体论和方法论上的双重意义决定了其在中国社会学研究中的重要地位，也决定了在研究时无法照搬西方经验。"[7] 这些观点总体认识上对社区概念进行了考察和分析，但在一

1　赵巍.社区研究有新著——何肇发主编《社区概论》评介 [J]. 学术研究，1992（1）.

2　范会芳.论社区研究的三种模式 [J]. 理论月刊，2001（8）.

3　夏建中.现代西方城市社区研究的主要理论与方法 [J]. 燕山大学学报（哲学社会科学版），2000（5）.

4　舒萍.摩尔根是社区研究的开创者 [J]. 中南民族学院学报（人文社会科学版），2002（3）.

5　陈美萍.共同体（Community）：一个社会学话语的演变 [J]. 南通大学学报（社会科学版），2009（1）.

6　肖林."'社区'研究"与"社区研究"——近年来我国城市社区研究述评 [J]. 社会学研究，2011（4）.

7　于显洋，任丹怡.社区研究方法：反思、实践与讨论 [M]. 学习与探索，2019（9）.

些具体细节上尚需要进一步考据和梳理。

有人认为社区与国家的关系是最重要的社会关系，是观察中国社会关系变迁的重要视角，它内涵了"社会建构"、公共政策等一系列议题。[1] 在国家——社会范式的视野中，在邻里研究中应更多地强调行动者分析。[2] 也有学者从国家与社会分析、社区治理和社会资本等三个理论视角来审视社区，把自 2010 年以来政府倡导的社会治理理念引入了社区领域，成为社区建设越来越重要的内容。

由以上概述我们认为，学界在社区研究方面已经作了大量基础性探索，为进一步研究中文"社区"概念奠定了坚实基础。在此，我们仍想就中文"社区"概念在 20 世纪 30—40 年代的由来及之后的发展做一些探索，由此反思和深刻认识作为基层社会单位的社区在当今国家治理体系中的基础作用。

"社区"这个中文词在中国出现之前，20 世纪初期的中国学术界根据英文中的 Community 和德文 Gemeinshaft 来翻译，涉及的相关中文词汇有三个，一个是"基本社会"，另一个是"地方社会"，还有一个是"共同社会"，三者都是指社会的基础性组织和结构。

关于"社区"这个中文词的由来及 Community 的翻译，1948 年 10 月 16 日，时任清华大学教授的费孝通在一篇题为《二十年来之中国社区研究》的演讲中称，20 世纪 30 年代，在燕京大学社会学系的老师和同学把 community 翻译成"社区"之前，中国学术界将 Community 称为"地方社会"。这里需要注意，**一是**费孝通在 1948 年谈及这个问题时，中文"社区"的对应词是英文 Community，而不是人们经常提及的德国社会学家滕尼斯在其名著《共同体与社会》中使用的德文 Gemeinshaft；**二是**以吴文藻为

1　刘继同 . 由边缘到主流：国家与社区关系的历史演变及其核心议题 [J]. 理论研究，2004（1）.
2　马卫红，桂勇，骆天珏 . 城市社区研究中的国家社会视角：局限、经验与发展可能 [J]. 学术研究，2008（11）.

代表的"社会学中国学派"使用的"社区"概念是来自英语世界，而不是现在经常提及的德国社会学家滕尼斯。费孝通当时的全部解释是，"最初 community 这个字介绍到中国来的时候，那时译为'地方社会'，而不是'社区'。当我们翻译 Park 的 community 和 society 两个不同的概念时，面对'co'不是'so'成了句自相矛盾的不适之语。因此，我们开始感到'地方社会'一词的不恰当。那时，我还在燕京大学读书，大家谈到如何找一个贴切的翻法，偶然间，我就想到了'社区'这么两个字样。后来大家采用了，慢慢流行。这是'社区'一词之来由"[1]。

这里又延伸出一个问题，就是 Community 被翻译成中文"社区"的时间。费孝通提到 Community 来自"Park"，即美国芝加哥大学社会学派首领罗伯特·E. 帕克 (Robert Ezra Park，1864—1944)，从费孝通 1933 年写的《社会学家派克教授论中国》一文的阐述中推断，帕克 1932 年暑期来到燕京大学，1933 年初离开，由 Community 翻译成"社区"大约也在这个时间。检索历史文献，"社区"这一概念出现在中国社会学文献中大约是 1933 年。最早的论述出现在费孝通的著述中，能够查到他最早使用"社区"概念是 1933 年 11 月 15 日写的《社会变迁研究中都市和乡村》一文。在这篇文章中，他说道，"都市社区是许多小社区的组合体。这许多小区域自成一格，各具特性，实可以说是有其特别生活形式的群体，这些群体的形成是出于两种势力：一是移民旧有生活形式的持续，一是都市经济分工的隔离"[2]。什么是具体的都市社区形式？费孝通在这篇论文中没有展开讨论。而查阅吴文藻同期的著述，1934 年 1 月 28 日，吴文藻写的《派克社会学论文集》导言首次使用了"社区"一词。师生二人使用时间间隔大约两个月。这个时间次序与费孝通 1948 年的表述是一致的。

那么在此之前是谁使用了"地方社会"这一概念呢？在此之前的

---

1 费孝通. 费孝通文集 第六卷 [M]. 呼和浩特：内蒙古人民出版社，2009：296.
2 费孝通. 费孝通文集 第一卷 [M]. 呼和浩特：内蒙古人民出版社，2009：128.

Community 的使用又是怎么演变的呢？我们发现在"地方社会"被使用之前，人们将 Community 翻译为"基本社会"。这一点，可以从孙本文在其重要著述《当代中国社会学》中找到一些线索，大约在 1920 年，学者刘叔琴翻译的、由日本人著述的《社会学概论》中曾有一章叫作"基本社会"，在孙氏看来，这个"所谓'基本社会'，就是'社区'（Community or Gemeinshaft）"[1]。拓展开来，"基本社会"的翻译也有其道理，基层社会单位是最基本的社会组织形式。"基本社会"中"社会"一词，按照钱穆的说法，也是来自日本，钱穆说道，中国"自来本无社会一观念，因亦无社会一名词"[2]。但是，中国有群的概念，大致也表述了社会的含义。近代以来，中国从日本借鉴了很多概念，诸如社会、文化等概念都是从日本翻译过来的。"基本社会"反映了在"地方社会"出现之前，中国学界对 Community 的一种理解及其拥有的不同的含义。

吴文藻是燕京大学社会学系倡导社区研究的第一人，他 1933 年担任系主任，这年费孝通从燕京大学社会学系毕业转入清华大学研究院攻读研究生。1932 年，也就是费孝通在燕京大学社会学系读书期间，时任社会学系的教授吴文藻在《现代法国社会学》一文中将英文的 Community 翻译为"地方社会"。这是继"基本社会"之后，对 Community 的又一种翻译，也反映了对其含义的不同认识。《英华大词典》成稿于新中国成立之前，新中国成立之后又加以修订，其中把 community 定义为地方社会，包括公社、村社、集体、乡镇、群落、社群等。[3]

从已有资料可以断定，中文"社区"概念是由费孝通提议、燕京大学社会学系师生集体讨论产生的。①除了 1933 年在费孝通的有关文章中最先提出"社区"一词；②当时的燕京大学社会学系形成了一个以吴文藻为

---

1 孙本文 . 当代中国社会学 [M]. 北京：商务印书馆，2011：40.

2 钱穆 . 晚学盲言（上）[M]. 台北：东大图书股份有限公司，1996：270.

3 郑易里，曹成修 . 英华大词典（修订第 2 版）[M]. 北京：商务印书馆，1997：275.

代表的社区研究的团体，吴文藻在不同场合把这个词推向学术界。

"社区"这个词在 1933 年前后尽管已经被使用，但是并不是为人熟知的，这一点可以从吴文藻 1935 年应清华大学社会学会的邀请前往公开演讲中看到。在清华大学，吴文藻作了题为《现代社区实地研究的意义和功用》的学术报告，他在演讲开头便说："今晚我所讲的题目是'现代社区的实地研究'。初看起来这标题内所用的名称有些生疏，其实一经解释，就很容易明白的。"[1] 由吴文藻这句话可以推断，社区这个概念是个新名词。这次演讲的记录者则是曾在燕京大学社会学系读书的、时为清华大学研究院研究生的费孝通。根据吴文藻的论述，社区研究萌芽于 19 世纪末期的西方，但成为一种研究趋势则是在第一次世界大战之后，到 20 世纪 30 年代才形成风气，这种风气在中国始于燕京大学社会学系，但却导源于美国芝加哥大学社会学首领帕克。

吴文藻是中国社区研究的开创者，这一点可以从多个方面看出，**一是**当时国际学术界的认可。马林诺夫斯基（Bronislaw Kaspar Malinowski，1884—1942）在《江村经济》的序言中说道："吴教授（指吴文藻——笔者注）和他所培育的年轻学者首先认识到，为了解他们的伟大祖国的文明并使其他的人理解它，他们需要去阅读中国人生活这本公开的书本，并理解中国人在现实中怎样思考的。"[2] **二是**后来国内学术界的评价。我们从孙本文的评价中也可以看到，吴文藻对社区研究有着自己的特别偏好，他甚至认为社会学就是研究社区的。[3] 由此理解马林诺夫斯基将燕京大学的社区研究称为"社会学中国学派"的说法。

对于以吴文藻、费孝通等为代表的社会学中国学派与美国芝加哥社会学学派的历史渊源及其特色，学者们讨论得比较多。[4] **一是**认为芝加哥学派

---

1 吴文藻. 论社会学中国化 [M]. 北京：商务印书馆，2017：432.

2 费孝通. 费孝通全集 第二卷 [M]. 呼和浩特：内蒙古人民出版社，2009：280.

3 孙本文. 当代中国社会学 [M]. 北京：商务印书馆，2011：262.

4 焦若水. 人文区位与位育中和——中国社区理论发展的理论渊源与民族品格 [J]. 学海，2014(4).

的思想是一种通过"有形社区"的有血有肉的素描来把握社会或国家发展的基本特征的方法及其机理。[1] **二是**中国社会学派的特色是把"社区"与"文化"有机结合起来,通过类型比较来把握整体社会的特征。[2]这些分析和研究都有道理,我们在下面的研究中进一步阐述这些问题。

从"基本社会""地方社会"到"社区",反映了中国学术界对于community认识不断深化和发展的过程。"基本社会"在当时的意义,如乡村、街区都是基本的社会单位;"地方社会"对应的是对中央层面的认知,这与后来的人们将基层社会归为社区也有契合;"社区"融合了"基本社会""地方社会"的含义,又加上了人类学的实地研究方法,是一个更加综合的概念,包含了更丰富的内容,在这一点上也可以理解为什么孙本文说吴文藻把社区研究作为社会学研究的道理了。

那么,滕尼斯的理论在中国是如何传播的?人们是如何认知的?他的Gemeinshaft与Community在新中国成立之前的中国社会学界又是一种什么情况?

新中国成立之前,中国学术界在谈到社区一词时也经常提及滕尼斯的"共同体"(Gemeinshaft)一词。像Community一样,20世纪30年代,Gemeinshaft在国内学术界也为人们所认识,方有1935年吴文藻所说"现在我们除了纯理的社区研究,如德国杜尼斯(即滕尼斯——笔者注)(F. Tonnies)的《社区与社会》(*Gemeinshaft und Gesellshaft*,初版于1887年,亦可译作《自然社会与人为社会》)"[3]。从吴文藻的论述看,是吴文藻在当时把德文Gemeinshaft翻译为"社区"的,有时还称其为"自然社会",但他将其称为"纯理的社区研究"。

与燕京大学社会学系师生们使用的Community相比,Gemeinshaft更

1　刘小峰 . 以"有形"过渡到"无形":中国社区研究史再反思 [J]. 中国农业大学学报(社会科学版),2013(9).

2　齐群 . 在社会学社区与文化——吴文藻"社区研究"的再回顾 [J]. 浙江社会科学,2014(3).

3　吴文藻 . 论社会学中国化 [M]. 北京:商务印书馆,2017:200.

像是一个理论体系。仔细比较起来，滕尼斯与帕克也不一样，前者是一个带有鲜明理论色彩的社会学家，后者更像一个田野工作者。吴文藻也是这样看的：滕尼斯的 "*Gemeinshaft und Geseleshaft*" 更像纯理论的阐述，他将其称为 "普通理论的社区研究"，它的意义在于，"他以为自然社会（Gemeinshaft——笔者注）与人为社会（Geseleshaft——笔者注）的区别是极其根本的，明白了这二分法，则近代生活在经济、政治、法律、道德、宗教各方面的表现，可以了若指掌"[1]。在这里，吴文藻又将 Gemeinshaft 翻译为 "自然社会"，指的是一种社会形态。而且，在文中，吴文藻还提到了 "二分法"，他这里讲的 "二分法" 是对近代传统农耕社会向工业社会转型的表述，"自然社会" 就是传统的农业社会，再往后，沿着这样的思想脉络去阅读费孝通的《乡土中国》就更加容易理解其深层次含义了。与同时代的学者和思想家一样，滕尼斯通过历史和理论建构来重新发现传统——人类共同体的传统，也重新发现历史。而帕克则是通过实地研究理解当下的社会事实，正如费孝通在燕京大学跟随帕克学习时所感受到的，"他（指帕克——笔者注）所以能享受着芝加哥社会学派正宗的尊荣，实是因为他有一种魔力，能把他的学生从书本上解放出来，领到一个活的世界中去领悟人类生活的真相"[2]。"但是有一点可以注意的，就是帕克教授偏重个人的直接经验和经验的交通，凡是经验到的都是真实，凡是可以交通的经验，都是科学"[3]。

在吴文藻看来，把 *Gemeinshaft und Gesellshaft* 进行区分，是滕尼斯的独特贡献，也是世界上公认的。当时，美国学者的相关论著也相继被介绍到中国，如罗伯特·麦克弗（Robert Morrison MacIver，1882—1970）的《社区》，吴文藻写道："《社区》（*Community*，初版于 1917 年；第 3 版于 1924 年；

1　吴文藻.论社会学中国化 [M].北京：商务印书馆，2017：156.

2　费孝通.费孝通全集　第一卷 [M].呼和浩特：内蒙古人民出版社，2009：137.

3　费孝通.费孝通全集　第一卷 [M].呼和浩特：内蒙古人民出版社，2009：138.

美国版于 1928 年。已有张世文的汉译本，原书名改为《社会学原理》由商务于民国二十三年出版）"[1]。张世文翻译 Community 一书时使用了"社会学原理"一词。根据孙本文的说法，张世文翻译的这本书的出版时间应该是 1933 年。[2] 在书中，张世文将 Community 翻译为"人群"。这是按照中国人的文化传统对社会理解翻译的，对比严复 1897 年翻译的英国社会学家赫伯特·斯宾塞（Herbert Spencer）的《社会学研究》（*Study of Sociology*）为《群学肄言》也就比较容易理解了。麦克弗是一位苏格兰裔美国社会学家、政治哲学家和教育学家，他于 1929 年之后任美国哥伦比亚大学政治哲学和社会学教授，曾在 1940 年担任美国社会学学会会长。麦克弗致力于国家与社会关系的研究，并在此基础上提出了他的社区理论（1917 年）和现代国家理论（1926 年）。吴文藻 1925 年入哥伦比亚大学研究生院攻读社会学，1928 年在该校获得博士学位。张世文早年就读于燕京大学社会学系，1929 年毕业，也就是这一年，吴文藻就职燕京大学社会学系，费孝通进入燕京大学社会学系攻读社会学。张世文在 20 世纪 30 年代参加了李景汉的定县农村调查，也参与了 20 世纪中后期中国社会学的恢复与重建。

燕京大学社会学派中对于"社区"概念进行全面阐述的首属吴文藻。吴文藻在其《西方社区研究的近今趋势》中对"社区研究"来源进行了梳理，认为它有五大来源：社会调研、文化人类学、人文区位学、地域调查运动、文化社会学。"五者之中，则以文化人类学为最重要，因为人文区位学、地域调查运动，以及文化社会学，或在起源时，或在发展中，多少是受过它的影响的。并且除了民族调查的开始较社会调查稍早外，其余的几种社区研究，都是社会调查后期的产物，代表一种修正或改进的运动。"[3] 吴文藻的这种理解和解释奠定了"社会学中国学派"的方向，他和他的学

1　吴文藻. 论社会学中国化 [M]. 北京：商务印书馆，2017：200.

2　孙本文. 当代中国社会学 [M]. 北京：商务印书馆，2011：50.

3　吴文藻. 论社会学中国化 [M]. 北京：商务印书馆，2017：200.

生在 20 世纪三四十年代开展的研究基本是按照这样一个思路进行的。20 世纪 70 年代后期，费孝通受命恢复社会学也是坚持从"社会调查"开始，尽管他一开始并没有过多提及和阐述"社区研究"的理念。"民国学界将美国农村社区与农村社会学理论系统引入中国，并初步构建起中国农村社会学理论体系。民国时期都市社会学研究深受美国芝加哥大学以人文区位学为方法的都市社区研究影响。"[1] 燕京大学社会学派在"基本社会""地方社会"的基础上，赋予 Community "社区"更加明确的空间意义，这是它的最大贡献，并使其可以在实地研究中操作，也使其与 Gemeideshaft 有区别。

滕尼斯在其《共同体与社会》(Gemeideshaft und Gesellschaft) 提出的"共同体"是用德文 Gemeideshaft 来表述的。[2]20 世纪 30 年代，滕尼斯的名字已经为国内社会学界所知晓，但是他的著作并没有被全面介绍进来，当时有关滕尼斯的著作，介绍进来的部分主要是他对社会发展类型的划分。大约在 1930 年前后，"Gemeideshaft und Gesellschaft"经由杨正宇从日文版本翻译了部分章节，取名为《共同社会与利益社会》，[3] 把现代人们翻译的"共同体"译为"共同社会"。1932 年，黄凌霜翻译了《德国系统的社会学》，[4] 想必也介绍了滕尼斯的思想。就是说，滕尼斯的思想大约在 1930 年前后进入中国社会学视野。而他的《共同体与社会》直到 1999 年才有中译本。在分类上，孙本文将滕尼斯的《共同社会与利益社会》分在"其他社会学研究类"，而将美国芝加哥学派和燕京大学倡导的"社区研究"放在"社会实地调查类"。[5] 现在看，这既符合滕尼斯和帕克学术理论的性质，也符合中国社会学史的实际。以吴文藻为首的燕京大学社会学学派将社区研究

1　阎书钦．范式的引介与学科的创建：民国时期社区研究理论的美国学术渊源 [J]. 中南民族大学学报（人文社会科学版），2013(5).

2　斐迪南·滕尼斯．共同体与社会 [M]. 林荣远，译．北京：商务印书馆，2019：Ⅵ．

3　孙本文．当代中国社会学 [M]. 北京：商务印书馆，2011：205.

4　孙本文．当代中国社会学 [M]. 北京：商务印书馆，2011：314.

5　孙本文．当代中国社会学 [M]. 北京：商务印书馆，2011：314-316.

作为一种方法使用，即"社区型研究"。1944 年秋，当时的教育部规定社会学系必修课程和选修课程，将"社区研究"和"社区工作"分别列为选修课程，使社区研究和社区工作有了分野。[1] 这使我们看到，到 20 世纪 40 年代，社区在中国高校系统，一方面是作为社会学研究方法，另一方面又是作为社会工作或社会政策的方法，二者是有分野的。这样我们对作为研究方法和社会工作方法的分类就比较好理解了。

　　进一步说，吴文藻对"社区"进行了全面的介绍和阐述，开启以社区为研究方法的"社会学中国学派"之先河，而把社区作为一种研究和认识中国问题的方法应用于中国实地研究，当属费孝通和他的前妻王同惠。1934 年，费孝通携新婚妻子王同惠赴广西大瑶山进行大瑶族社会组织的研究开启了中国的社区研究。被吴文藻称之为"立下了社区研究的基石"。[2] 从芝加哥学派发展出来的"Community"，即社区是一种实地研究方法，一种解释现实问题的田野调查方法，而从德国滕尼斯的 Gemeideshaft，即"共同体"延伸出来的是一种社会类型，一种带有理想状态的社会类型，一种对传统的创新和发明。[3] 滕尼斯提出的年代正是欧洲社会历经数千年农业社会向工业社会转型、资本主义大发展的时代，是千年未有之大变局。"共同体"是滕尼斯为自己所期望的社会变化提供一种来自历史上已经表现出来的惯例、社会的连续性和自然法则的想象，通过这种方式来表达自己对未来社会的期望和希望。共同体是一个跨学科的传统发明，它将历史学、社会学、人类学和其他学科的研究联系在一起形成了一个新的领域，它需要广博的知识、多学科的合作、共同的研究，由此，也可以理解为什么吴文藻说，社区研究来自于多个领域，和他的"共同体"理论为当代多个学科认可和接受。19 世纪的伟大思想家是这样一代人，他们拥有广博的历史、

1　孙本文. 当代中国社会学 [M]. 北京：商务印书馆，2011：238-239.

2　吴文藻.《花篮瑶社会组织》导言 [J]. 天津益世报，1936.7.1.

3　斐迪南·滕尼斯. 共同体与社会 [M]. 林荣远，译. 北京：商务印书馆，2019：Ⅴ.

文化、社会学、考古学、人类学、哲学等方面的知识，且喜欢从历史发展脉络梳理当代和未来发展的问题，马克思、恩格斯、韦伯、滕尼斯等都是这样的人。

　　共同体是马克思、恩格斯，以及滕尼斯等为了回应 18 世纪以来的工业革命、城市化等社会进步带来的巨大社会变迁而进行的社会理论构建。它貌似是对过去历史的社会形态的描述，实际上是隐含了滕尼斯对理想状态社会的期待。在中国社会学史上，新中国成立之前，以吴文藻为代表的中国社会学学派与滕尼斯的"共同体"理论是分别演进的，无论是具体到人还是当时的学科分类，都还不能完全视为一回事。中国社会学恢复后，这两个原本分列的概念在不经意中被人们理解成为先后关系，慢慢有了"社区"概念最早由滕尼斯提出的说法。事实上，当前意义上的社区既具有理想类型，又具有实地研究的内涵，同时社区又使人们对其充满了丰富的想象和期待。

　　中国社会学因在 20 世纪 50 年代院系调整而消失一段时间，那些非常有社会学造诣和讲授研究社会学的前辈被划分到新的学科。这个时期，一些原先在各大学教授社会学的学者也曾讨论过社会学学科的重建问题。1957 年在《社会学的对象和内容决定于它的任务》一文中，费孝通指出："旧社会学也积累了一些方法和技术，这些调查研究的方法和技术，譬如人口统计，城市的区位图表等，都是整理材料时必要的过程。"[1] 他在这里没有使用"社区"这一概念，但是，他用了芝加哥学派社区研究的重要方法"区位"一词，强调了社区研究的意义。

　　中国社会学恢复初期，人们使用社区概念是以英文 Community 为基础的，鲜见使用滕尼斯的 Gemeideshaft。"社区"概念最早出现在费孝通著作中是 1981 年，他在《略谈社会学——对〈中国青年报〉读者的回答》一文中说道："对某一个生活集体，我们叫它作'社区'，先得把它的基本情

1　费孝通. 费孝通全集　第八卷 [M]. 呼和浩特：内蒙古人民出版社，2009：46.

况搞清楚。例如：这个社区有多少人口？他们的年龄、性别、职业又是怎样？他们分成多少户？各户住些什么人？他们之间有什么关系？他们的收入有多少？生活水平怎样……更重要的是要熟悉这个社区里的人，和他们交朋友，拜老师，取得他们的信任和合作，要使他们愿意参与社会调查的工作。"[1] 这种表述有点像他在《花篮瑶社会组织》和《江村经济》中的分析方法，也就是社区研究方法，也有他后来在讲课和与学生交流中表达的含义，即共同体的意义。也就是说，在这个时期，为恢复中国社会学奔波中，他更多的是谈论"社会调查"，而不是用他们曾经使用的"社区"研究方法。这个时期，第一篇对"社区"解释的文章出现在原上海大学创办的杂志《社会》上，时间是 1981 年，这篇文章主要介绍了社区的共同体特征，及其形态和学科研究特点，并没有讲其来源。[2]

　　关于滕尼斯的思想如前所述，尽管人们经常谈论滕尼斯的"社区"思想，他的整本《共同体与社会》中文版在中国首次出版是 1999 年。20 世纪 70 年代中国社会学刚刚恢复，人们首先介绍和翻译了滕尼斯的朋友马克斯·韦伯（Max Weber, 1864—1920）的《新教伦理和资本主义精神》（*Die protestantische Ethik und der Geist des Kapitalismus*），这本书 1987 年由三联书店出版中文版，曾风靡一时，被学者进行深度研究，影响深远。

　　社区概念进入政府政策领域大概始于 20 世纪 80 年代中期。政府开展基层组织建设，但没有使用"社区"概念。从工作来说，中国共产党和人民政府对基层和地方社会建设高度重视。新中国成立伊始，基层社会组织就开始建设，那时人们将其称为居委会，全国人民代表大会常务委员会1954 年 12 月通过的《城市居民委员会组织条例》规定居民委员会是居民的自治组织，在有关政府部门及其派出机构指导下，开展公共服务、居民意见反馈、社会治安维护等方面的工作。北京市人民政府 1980 年 11 月颁

1　费孝通.费孝通全集　第九卷 [M].呼和浩特：内蒙古人民出版社，2009：43.

2　林立.小词典 [J].社会，1981.

布实施《城市居民委员会组织条例》，也同样规定城市居民委员会是群众自治性组织，这个时期的居委会主要是指机关、部队、企事业等单位家属集中的宿舍区形成的基层组织。1987 年社区概念进入政府工作领域，从民政部倡导社区服务业事业，到 20 世纪 90 年代，社区服务在全国大中城市已初具规模。1993 年 8 月，民政部、国家计委、国家体改委、国家教委等十四个部委联合发布了《关于加快发展社区服务业的意见》，推动了社区服务工作的全面开展。2006 年，十届人大四次会议通过的"十一五"纲要把社区建设作为构建和谐社会的工程之一。2009 年 1 月民政部关于组织开展《〈城市居委会组织法〉颁布实施二十周年纪念活动的通知》明确写道："社区居委会是我国城市基层群众性自治组织。"2009 年 11 月，民政部《关于进一步推进和谐社区建设工作的意见》中指出："社区是社会的基本单元，是人们社会生活的共同体和人居的基本平台，社区和谐是社会和谐的基础。"这个时期，随着工业化、城镇化进程加速和流动人口进入城镇，政府在工作中与时俱进，把新时期的社区界定在城市和农村基层群众自治组织的同时，考虑城乡接合部、"城中村"、工矿企业所在地、新建住宅区、流动人口聚居地的自治组织建设和治理。

中华人民共和国成立前的社区研究的理论与方法与滕尼斯的"共同体"有一定关系，是其思想来源之一，但作为一种社会研究方法，滕尼斯的共同体理论的影响对于社会学，尤其是社会学中国学派来说不是主要的，"社区研究"的思想主要源自文化人类学、社会调查、人文区位学、人文社会学等思想，尤其是文化人类学的田野调查，加上帕克的思想。社区来源于19 世纪以来思想家们把社会理想变为社会实践的积极探索，这在芝加哥学派的城市社会学中得到了很好的体现，或许与滕尼斯有关系。

中国的"社区"经历了单纯的学术研究到后来的社区工作，再到政府部门的政策概念，"社区"这一中文概念慢慢在学界和实务界融合，走向一体。眼下，人们讨论社区，基本上聚焦在城市居民居住区和乡村村落，它们既是基层组织，也是学界最为关注社会学、人类学政治学的研究单位，成为社会治理、公共服务的重要依托，也成为城乡社会学研究的重要对象。

恩格斯指出，"历史从哪里开始，思想进程也应当从哪里开始，而思想进程的进一步发展不过是历史过程在抽象的、理论上前后一贯的形式上的反映；这种反映是经过修正的，然而是按照现实的历史过程本身的规律修正的，这时，每一个要素可以在它完全成熟而具有典范性的发展点上加以考察。"[1] 这里的"历史"可以理解为作为英文的 Community 和德文 Gemeideshaft 在中国人们是如何使用的；这里的"思想"是指"社区"这一中文概念所具有的历史和现实含义。通过这样的梳理，对我们认识社区在中国的来龙去脉具有十分重要的意义。无论从历史还是从现实说，基本社会、地方社会、共同社会、社区和共同体都有它合理的一面，都依然有其现实意义。"社区"思想在历史发展进程中几乎积淀了它所应有的全部意义，也反映了 Community 和 Gemeideshaft 所拥有的含义。"基本社会"反映了国家治理体系内作为社会的基本单位应有之义，如新中国成立以来所说的居委会；在中国这样一个有着五级行政架构的国家，"地方社会"对于中央的基层意义无庸置疑，如现在常常说的基层治理；"社区"作为一种研究对象与方法，它所具有的社区分析方法和社区工作方法意义重大；"共同社会"则是人们一直追求的社区认同和社区共同体。

今天，用"社区"来把上述四个含义囊括在一起，其现实意义就在于：要关注作为基层社会单位的社区在国家治理体系中的基础作用，从社会基本单元培育基层社会组织，完善社区工作方法，把居民组织起来共同建设幸福家园，建立理想的社区生活。就其学术意义，社会学、人类学、政治学、社会工作在社区中找到了各自的立足点。

1　卡尔·马克思，弗里德里希·恩格斯. 马克思恩格斯选集　第二卷 [M]. 北京：人民出版社，2012：14.

习近平在出席博鳌亚洲论坛 2015 年年会时发出了"通过迈向亚洲命运共同体，推动建设人类命运共同体"的倡议，旨在倡导世界各国在追求本国利益的同时兼顾其他国家的利益，在谋求本国发展的过程中促进人类社会的共同发展。人类命运共同体这样一个宏大的命题包含了丰富的社会内涵。

以技术为基础想象的共同体

基层社会共同体理论

在互联网、AI 迅速发展的环境下，共同体理论需要适应时代变化，阐释和理解剧烈变动的现实生活。把基层作为共同体进行分析是一个重要的视角，传统和现代中国社会都不乏基层治理的经验和理论。传统中国社会，费孝通先生将其称为乡土社会，基本特征就是"孤立隔膜"的村落。费孝通先生写作《乡土中国》的时候，我国 90% 以上的人口生活在农村，农村在空间上是孤立和隔膜的，各个村庄之间互相不联系，除了盐、铁等之外，各自基本上能够实现生产和生活的自给自足。在这个意义上，人们将其称为"基本社会""地方社会"，或者具有共同目标指向的"共同社会"。20世纪 40 年代，历史学家吴晗和社会学家费孝通提出"皇权不下县"，指的就是地方社会，也就是县以下由孤立隔膜的乡村组成的基层社会，由于人们生于斯，死于斯，相互认识，相互熟悉，具有共同的知识生产程序、共同的社会规范、共同的生活方式，也可以叫作共同社会。新中国成立后，经过土地改革、人民公社、乡村基层组织建设，以及工业化、城镇化、人口流动，中国形成了更加复杂的社会结构，单纯用传统乡土社会理论来解释现代意义的中国已经不够了。

回顾十几年前，在加强和创新社会管理研究伊始，学界讨论"社会"这个概念，提出"小社会"与"大社会"之说，当时并没有对"社会"的含义做出明确的界定，事实上，就社会学本身来说，人们对"社会"的定义多达上百个，可以说对社会的理解处在一种混沌状态。当前，基层治理新变化和互联网环境下的社会扁平化为重新审视"社会"的含义提供了机遇。分析基层社会，看其利益格局。在街乡、共同体、村委会层次，其核心利益格局就是公共利益和个人利益如何得到保障和改善，这涉及生态环境、公共安全、邻里关系、公共服务和社会服务等，它们都是居住在基层社会中的人们最关注最直接最现实的问题。基层居民会对这些问题做出自己的判断：看自己的生活环境是不是得到改善，在环境改善中是不是受益或受损。基层就是人们的日常生活：衣食住行用能不能更有便利性？人们能不能在繁忙的工作后从烦琐的家务中解脱出来，轻松愉快地生活，生活品质得到提升？这两个问题都涉及各类服务设施、服务机构的空间分布和各种服务的供给质量，也是构建基层社会治理新格局的应有之义。经过中华人民共和国成立后的社会主义建设和改革开放以来的发展，中国的基层社会的利益格局和人民生活已经发生了天翻地覆的变化。面对这样一个人口众多、幅员辽阔、地域差异较大、行政层级较多的国家，强化基层治理既是历史使然，也是由现实条件决定的。理论的逻辑必须反映历史和现实的逻辑。

中国改革开放以来的基层建设，诸如共同体建设、共同体志愿者动员、社会工作者参与等都是在一定程度上或多或少地借鉴了国际的理论和经验，像美国、英国、日本等，它们在基层建设、共同体建设方面起步较早，着实做出了有成效的实践贡献和理论贡献，为改革开放后一段时间内我国的共同体建设提供了实践和理论借鉴。这些国家在工业革命和城市化进程到一定阶段后开展的城市复兴和城市共同体建设为解决城市贫困问题、城市社会融合、老城区改造问题积累了丰富的经验。这些国家的基层治理实践也培育了一批有世界影响的理论家、思想家、社会学家，如芝加哥学派的罗伯特·帕克，他对美国 20 世纪二三十年代街区的研究丰富了社会学、共同体建设的理论和方法。在学习和借鉴其他国家经验的基础上，中国在自己的社会发展过程中，特别是从 2010 年之后，随着社会管理、社会治理政策的实施，各地在基层治理方面进行了大量有意义的探索，本土化的理论和实践取得了丰富的成果，出现了各种符合本地实际的建设和治理方式：针对自己的具体情况与市场经济建设、政府改革有机结合起来的共同体治理模式、共同体服务模式，以及公共服务机构建设、公共服务提供机制等。

基层社会体制是指在特定的基层社会中人们之间的关系模式，它以上述谈到的公共利益和参与方式为条件，通过社会机制来配置公共资源和激励人们的活动方式。这是新发展阶段探讨基层社会体制必须解决好、研究透的问题，要特别认识它在互联网环境下会以什么样的方式形成。这已经成为一个世界性问题："各国不断通过电子政务提升公民对公共事务的参与度。例如，西班牙马德里市议会为促进公民参与政府决策设立的'决定马德里'（Decide Madrid）在线公众参与网站平台，用户可通过该平台发起议案并进行投票。该平台在确保马德里市政府程序透明的同时，推动了公民有效参与公共事务。"[1] 再如，"爱沙尼亚政府主动为居民提供'无缝隙'服务，通过技术手段将不同政府部门服务事项联结在一起，覆盖了公民出生、上学、找工作、购房等各个重要环节，实现一个机构为公民提供一体化服务。"[2]

值得注意的是，中国移动网民数量占人口总数的 70% 以上，这为共同体治理、基层治理奠定了坚实的现实基础。各级政府把基层体制机制建设、公共服务建设和互联网应用有机结合起来，形成了不同类型的智慧共同体和智慧城市模式。中国有条件在这个领域创新自己的社会治理模式和自己的社会治理理论体系，讲出具有中国特色、中国风格和中国气派的社会治

---

1 世界互联网发展报告 2020. 中国工信出版集团 / 电子工业出版社，2021：155.

2 世界互联网发展报告 2020. 中国工信出版集团 / 电子工业出版社，2021：154.

理故事。

　　人类对于共同体的理解和想象是建立在对自己生活和工作环境的理解基础之上的，后来的科学创新、技术革命、产业变革引发了人们新的想象。一旦人类在科学上有如牛顿和爱因斯坦对物理世界不同解释等新的发现，人类对于自身的认识也将发生新的变化，产生新的社会发展理解，形成对人类共同体的新的解释。这里我们用一个近年来在人工智能领域中的术语——硅基人类，通过硅基技术进化的现象。硅基人类是指通过硅基技术构建的人类形态，通常涉及人工智能和生物工程的结合，常出现在科幻作品和未来学研究中，探讨人类进化的另外一种可能。换句话说，硅基人类作为一个术语，准确地描述了人类通过硅基技术进化的理论表述。可以想象，一旦人类在其他星球建立起自己的生活和工作基地，使用新的能源，尤其是硅基人类的出现并与碳基人类一道工作和生活，人类对问题的认识视角将发生深刻变化，从遥远的星际俯瞰地球，和站在地球的某一个共同体认识自己立足的共同体，以及想象地区上的其他人文区位一定不是同一个感觉。同样，当人类与硅基人类一道生活时，认识和发现人类自身的视野也即将发生变化。似乎，人类社会的诸多理论在这个科学发明和技术创新的伟大时代，已经变得既让人感到熟悉，又让人感到陌生，也许这就是哲学社会科学革命的前夜。

　　根据社会体制理论[1]，社会就其本质来说是人们的社会关系模式，它由至少两个的个体在社会互动中形成。换句话说，社会体制以利益格局为核心，以公共利益为纽带，以在公共领域构筑社会的基本秩序，编织人们之间的社会关系模式。个体之间的相互作用有着共同的指向和目标，并发生在一定的物理空间或虚拟空间中，通常社会体制是逐步开放的。社会体制的功能是支持人们开展日常活动，满足社会需要，形成社会氛围，激发社会活力，促进社会和谐，应对社会冲突。其中，激发社会发展活力和维护

1　丁元竹. 以交流和沟通重构社会关系模式 [M]. 北京：中国社会科学出版社，2020.

社会秩序是社会体制的核心功能。一方面，它是人们在自己的社会生活中为适应环境逐步建立的人与人关系的模式；另一方面，它是为了社会生活而建立的约束个人行为的秩序，包括如何最有效最合理地分配财产，如何对社会生活进行决策，以及人们如何参与社会生活，等等。它表现为在一定地区或社会内的社会法、制度和政府行为中的一系列道德、政治和经济原则。社会体制决定着人们之间的关系模式。换句话说，社会体制是指在特定的社会中，人们之间社会关系的模式。它以利益格局和参与方式为边界条件，通过社会机制配置资源，充分激发个人和集体的参与热情。健康的社会体制的本质是推动个人履行社会责任。社会体制是一种聚合体，它将许多社会关系整合在一个系统之中。在当代，应从信息化、数据化、智慧化来理解人们的利益格局、公共利益、公共空间、社会空间、社会关系模式以及个人在"复杂社会"中的角色。社会体制不是孤立存在的，也不是抽象的，它与市场、文化、生态环境交互作用，在市场领域中存在着非市场社会关系。市场体制机制之所以在各个民族国家的表现形式不一样，就是因为在所有民族的生活中，经济生活是嵌入社会体制中的。市场机制的运用在任何一个国家或地区都离不开特定国家或地区的社会习俗，而社会习俗可能是来自外部力量的作用形成，或者是由于偶然事件带来深远影响造成的，也可能是历史进化过程中逐步形成的。由此我们也可以理解互联网、数字技术在各个国家、地区的应用程度不一样的原因了。深层次原因是它们的社会体制不同。信息化、数据化、智慧化通常是通过时间和空间结构改变了人类的社会结构。万事万物在某一个时点上是坐落在一定空间中的，或者是现实空间，或者是网络空间。引入公共空间和社会空间理论来理解和解释基层社会在互联网时代形成的新变化新特点，认识智慧治理、数字治理的深层含义，才能形成对社会更全面更深刻的把握，和对新时代互联网智慧共同体的新认识，方能发展和开拓互联网时代的社会结构和社会治理理论。

新发展阶段上的共同体应该是在互联网环境下的"熟人"与"陌生人"共享公共空间、社会空间，共担公共责任、社会责任的混合型共同体。生活便利、出行方便、服务配套、相互信任、安全放心将会是其基本特征；公共服务设施，诸如养老、医疗、教育、健康、商铺、文化、残疾人服务、休闲及就业等会更加齐全；把各类服务与人际关系协调一体化的共同体治理体系和治理能力现代化建设也提上日程。各地正在建设"5—10 分钟生活圈""15 分钟生活圈""30 分钟生活圈""1 小时生活圈"，意味着共同体建设将更加便利化、扁平化，突破原有的居民区界限，形成新型城市公共空间。信息化、数字化、智能化将与行政体制、社会组织创新有机结合形成新型治理体系和治理模式。共同体的空间品质建设必须考虑在公共空间与社会空间统一的基础上，只有这样才能形成和谐共同体。要坚决杜绝共同体建设中的展示场景，真正体现居民日常生活场景，使共同体建设成为居民生活的一部分，根植人民，造福人民，而不是共同体机构工作的一部分。

推动基层信息化、数据化、智慧化、法治化建设是中国社会治理中有民族特色的中国故事。这是因为，中国在 2020 年抗击疫情的斗争中充分发挥了基层组织的作用，有效实行了社会疏离，阻断了疫情传播，确保了全国人民的安全，赢得世界各国的广泛赞誉。这些年来，中国共产党和中国政府及其各级组织在推动互联网基层治理、智慧化建设方面进行了大量富有成效的探索，建立了基层公共服务信息平台、居民服务平台，把 App 用于基层治理，积累了丰富的经验。基层各类公共服务、社会服务设施和服务体系普遍建立起来，服务基层居民生活，提高共同体建设质量。真正需要关注的问题是，支配 20 世纪的社会结构已不再适用于 21 世纪的社会发展，那些过去的社会理论、治理理论与社会发展的现实渐行渐远。换句话说，基层社会、互联网社会、平台社会的出现，这些社会现象的出现是人类从未经历过的现象。中国先于世界各国进入了大规模的互联网时代，特别是移动互联网的使用。正因为如此，全新的理论是不可缺少的。到目前为止，相关的理论研究、社会科学研究还没有完全跟上去。

基层社会非常复杂，涉及各个方面的关系。从实际情况看，有邻里关系、居民与社区组织之间的关系等，还涉及利益背后的错综复杂的感情关系。"关系"不是一句话两句话可以说得清楚的。邻里关系不仅涉及个体之间、家庭之间的利益问题，公共利益也包含其中。人们对侵占公共空间深恶痛绝，有人敢于亮剑，有人保持沉默。在这样的社会环境中，有些不良居民占用公共空间慢慢变成自然，把公共资源归为己有。也有人会通过其他方式，比如以举报方式解决问题。现实中发生的矛盾冲突少，并不意味着邻里之间没有隔阂和矛盾。具体到盖房，还涉及其他问题，比如自己盖房子，从农村风俗习惯说，高度、规模、形式是不是压过了别人的？自己的门楼是不是高过别人的？自己的墙是不是高于别人的？凡此种种，这些都是有讲究的，确实需要邻里之间协商，大家形成共识。房屋改造涉及非常复杂的邻里心态，比如，风格要求、风俗要求等。有人喜欢围墙，有人喜欢铁栅栏，这些都是人们内心的状态，只可意会不可言传，而理解这类问题确实要设身处地，需要心与心之间的沟通。

事实上，通过土地、房产等问题可以看到背后各种利益关系的影子。这些利益关系形成于土地审批、房屋建筑审批、建设规划审批、土地交易等各个环节中，形成了盘根错节、复杂的利益关系网，形成了强大的社会势力，也可以叫作黑社会势力。很多利益关系不能摆在桌面上，很多幕后人物不能出现在前台，很多群众关心的问题因为其背后利益关系的介入得不到解决，不了了之。既得利益者们因为利益凝聚在一起，因为涉及自身利益，大家采取共同行动，形成合力，对社会产生巨大危害。这种盘根错节的关系，使基层干部、地方政府在处置过程中不愿意得罪人，也得罪不起，望而退却，不惜躺平，不敢越雷池一步，久而久之造成了矛盾积累，居民积怨。这些怨气积累到一定程度，有可能因为某一件小事情而爆发成惨案或大规模群体事件。

深入分析各个时期的共同体，其内部也是存在矛盾和冲突的，这里面涉及共同体内部的人与人之间的关系，尤其是利益关系。这让我们想到《不平等的痛苦：收入差距如何导致社会问题》一书中说到的，人们之间的心理心态问题往往是源于不平等。不平等是现代社会，或人类社会发展长期存在的社会问题。实现社会平等、促进公平正义是人类孜孜以求的理想。不平等问题带来了一系列社会矛盾和心理问题。邻里之间的关系，往往有着费孝通说的那种只可意会、不可言传、不言而喻的心态做基础。邻里的言谈举止、邻里之间的差异都会引起人们在心理深层之中的投影和折射，这种折射长期困扰人们。低头不见抬头见，心里总是会思考这些关系，疙疙瘩瘩的心态凝成心里的结，有的能够解开，有的解不开。在这个意义上，邻居之间的矛盾，以及最后形成外部冲突，应该不会是突然爆发的，而是长期居住在一起，在各种交往过程中逐步形成的心态和内心矛盾纠结的结果。

社会正处在急剧变迁过程中，有些人在这个变迁过程中发展起来了，有钱了，有些人没有发展起来，这些都会造成社会差别，造成在衣食住行、行为方式、心态上的差异，最终会导致心与心之间的冲突。从人与人之间的利益关系到心与心之间的关系。心与心之间的关系，最终又会折射到人与人之间的关系，形成外部的冲突。这是一个不断循环往复的过程。

人类社会由实体社会发展而来，其生来就以共同体形式存在。在交通和通信工具没有出现革命性变革之前，共同体由人文区位定义。早期，人们在不同人文区位和人文生态之中，组成共同体，共同生产和生活。随着生产力发展，人群在不同区位上分化，形成不同部落、族群及其各自的社会关系模式，以后又组建国家。

从费孝通的《乡土中国》一书可以看到，乡土社会以家族、共同体、村落为基础，构成了基层社会单位，人们通过日常交往形成面对面的社会交流，"熟悉是从时间里、多方面、经常的接触中所发生的亲密的感觉"[1]。

---

1 费孝通.费孝通全集　第六卷 [M].呼和浩特：内蒙古人民出版社，2009：11.

这里的"经常的接触"就是面对面的亲密空间。在《乡土中国》中，费孝通不断使用"时间"和"空间"概念诠释乡土社会的基本特征、乡土社会的社会关系模式。在他看来，乡土社会的文化和治理不仅发生在时间和空间中，它们的发生也创造了空间和时间。发生在时间和空间中的社会关系模式，包括熟人社会始于时间上的经常接触、熟人社会形成于特定群体（比如村落）在空间上的"孤立和隔膜"。针对这种变迁中的时空特征，费孝通提出了自己的理解，在时间和空间中应对社会的变迁必须实施社会计划进行干预。在乡土社会，"由于缺乏经验，年轻人可能不会理解老年人的心情，但是年长的人必定可以在时间上预知年轻人即将遇到的事情。在相对孤立隔膜的共同体，知识是通过时间序列展示的。这种情况也发生在其他社会的相同阶段"[1]。对于这种在"孤立和隔膜"的共同体中形成的教化模式，尼尔·弗格森（Niall Ferguson）评论说："不管它在哪里发生，社交网络都稳稳地服从于等级的特权。读写能力在那个时代是一种特权，因为大部分普通男女都在辛勤地工作，他们住在村子中，与自己最近的邻居都会产生'横向绝缘'。"[2] 这些，都道出了传统共同体的时空特点。例如在我国清代时期，"基层社会的主要构成要素有三大系列社会组织。官方出面组织的、作为上层统治伸向基层的触角、与法定共同体相适应的里社保甲坊厢系列系列；自然形成、与聚族而居的自然共同体相对应的家庭宗族乡族相助系列；同样自然形成、与互动共生的经济共同体相对应的经济型乡族组织及行业组织系列"[3]。这段分析中，既道出了基本共同体的特征，也道出了它的外部环境。在传统村落中，人们相互交流，有事在共同的地点一起商量，或者在家里，或者在街头，面对面，这是非常现实的时空。共同体形成于基层人民的生活之中。

1　丁元竹.《乡土中国》的时空认知方式 [J]. 社会，2020(6).
2　尼尔·弗格森. 广场与高塔 [M]. 周逵，颜冰璇，译. 北京：中信出版社，2019：11.
3　吴琦. 明清地方力量与地方社会 [M]. 北京：中国社会科学出版社，2009：151-152.

共同体通过地方政府联结了社会和国家，这既发生在乡土社会中，也发生在工业社会里。在《乡土中国》中，费孝通描述了当时的"现代社会"中的人际关系："现代社会是个陌生人组成的社会，各人不知道各人的底细，所以得讲个明白；还要怕口说无凭，画个押，签个字。"[1] 费孝通在这里说的"现代社会"是指以工业化为基础的城市社会。他描述的乡土社会的样子和现代社会的特点类似滕尼斯表述的共同体与社会。无论传统共同体还是现代社会，都与公共部门密切联系。从家门口到公共部门之间，隔着很多的社会组织形态，如邻里关系、传统乡村共同体组织、现代社会的居委会等，它们构成了人们的日常生活和社会交往，构成了所谓社会。关于这一点，费孝通说："普通讲中国行政机构的人很少注意到从县衙门到每家大门之间的一段情形，其实这一段是最有趣的，同时也最重要的，因为这是中国传统中央集权的专制体制和地方自治的民主体制打交涉的关键，如果不弄明白这个关键，中国传统政治是无法理解的。"[2] 谈到社会，人们常常提及"群"，"群"也可以视为从家到公共部门之间的一种组织形态。很长时间内，人们讲到共同体，往往忽视了像街道、共同体这种带有行政色彩的组织形式，事实上，人们在这中间结成各种社会关系，甚至包括生产关系，构成了现代意义上的社会。如果说，家庭被称作"私域"的话，那么作为家庭成员的个体迈出家庭大门与市场、公共部门、社会群体联结的这个环节是什么？它在空间上如何表达？在时间上如何体现？在这样时空结构中表现出来的社会形式如何分类？后文我们将通过技术基础对人类在空间中的流动形式加以解释。

由人文区位定义的共同体延伸到国家和社会的现象不仅发生在中国传统社会，在其他国家也是如此。"法国于 2002 年 2 月 27 日通过了一项法律（Loi Vaillant），要求所辖人口多于 8 万的市镇必须建立街区委员会（Conseil

---

1　费孝通．费孝通全集　第六卷 [M]．呼和浩特：内蒙古人民出版社，2009：11.

2　费孝通．费孝通全集　第五卷 [M]．呼和浩特：内蒙古人民出版社，2009：38.

de quartier），这是一个将共同体居民与市政管理紧密联系在一起的公民机构。"[1] 以法定形式联结居民与政府法律政策这种现象在纽约也有，这可以从纽约共同体宪章中看到。在法国，"街区委员会并不是一个行政机构，没有任何决策权，但市镇政府及其相关部门则可以影响到整个市镇或共同体的诸多决策决议，通过它征求广大市民的意见，进行协商与咨询，因此它是一个联结政府与共同体居民的中介组织"[2]。这个中介组织与居民生活密切关联，构成了基层共同体，传统社会和现代社会的基层构架都可以从这里得到解释。联结居民生活、家庭的不仅仅是日常事务、各种需求，还有其背后的价值趋向、正式的和非正式的社会规范。在现代社会，非正式社会制度的培养依赖于正式社会制度，通过正式社会制度的强行规制，使其内化于心，外化于行。国家认同感的培养与熏陶非一朝一夕之功，大多是从认识邻里、认同自身所属的共同体开始。基层共同体的价值既在于其维护基层秩序，也在于构建国家民族共同体。

总之，在传统的农业社会、城邦，以及工业经济基础上的城市社会，人们通过从家到公共部门的各种组织形态把自己与国家和社会联系起来，构成共同体或社会。无论是国际还是国内，人们对基层共同体的理解是从具体的、实体性社会关系入手的。在当代，人们将其视为共同体、社会组织。中国传统文化中讲"基"，是指"房屋墙壁的脚址"；"基，始也"；"基，业也"[3]，等。很多情况下，人们用共同体来表征基层共同体。说到基层，还有一个词值得一提，这就是中国传统文化中常说的"群"。人们的日常琐事通常与"群"联系在一起。社会学最早引入中国时，严复将其翻译为"群学"。在早期农业社会，不仅人们的感情，还有社会关系模式、习俗文化、生产方式、生活方式，无不与特定区位有关。正如梁漱溟所说："印度文明夙被

1　张金玲. 公民与社会：法国地方社会的田野民族志 [M]. 北京：北京大学出版社，2011：324.

2　张金玲. 公民与社会：法国地方社会的田野民族志 [M]. 北京：北京大学出版社，2011：324.

3　何九盈，等. 辞源 上册 [M]. 北京：商务印书馆，2010：844.

列为世界文明三大系之一。三大系之云，尽从大地上早期发生的人类文明向外辐射扩展之三大中心而言。"[1]仔细体味"文明三大系"，实际上包含两层意思：一是，各自起源于特定人文区位上的"三大系"，指埃及文明、希腊文明和包括中国文明在内的东方文明；二是这三大文明源于各自的人文生态，发展成独特文明，而后又向周围辐射，在与其他文明融合中发展。

网状化社会结构理论

网状化社会结构理论是本书提出的分析实体与虚拟共同体的理论框架。眼下，面对互联网和人工智能日趋融入人类生活，甚至可能彻底改变人类生活，包括社会学在内的哲学社会科学应及早考虑最近一系列技术变革将给人类、社会、学术带来的冲击。发生在第一次、第二次，甚至第三次工业革命中的社会结构变革必定与智慧生态的社会结构变革不同，哲学社会科学，一方面要紧追科学技术的最新发展，另一方面要深刻反思和大胆预见未来社会可能出现的新情况，及早进行发展预测、理论建构。互联网广泛应用已经和正在改变传统意义上的"基层共同体"内涵，形成社会的新型底层逻辑。学术研究要从历史发展脉络、社会现实变化、科学技术进步、社会结构变迁等多个角度审视社会的底层逻辑，全面审视社会发展的新特点、新构架、新趋势。学术研究的任务不仅要提出问题，更要揭示问题的内在规律和趋势。

人类关于社会的理论，尤其是社会学理论，是对 18 世纪以来工业革命引起的社会深刻变化的学术回应，正如恩格斯 1883 年在《马克思墓前的讲话》中指出的："马克思发现了人类历史的发展规律，即历来为繁芜丛杂的意识形态所掩盖着的一个简单事实：人们首先必须吃、喝、住、穿，

1　梁漱溟. 人心与人生 [M]. 台北：古老文化实业股份有限公司，2002：305.

然后才能从事政治、科学、艺术、宗教，等等；所以，直接的物质的生产资料的生产，从而一个民族或一个时代的一定的经济发展阶段，便构成基础，人们的国家设施、法的观点、艺术以至宗教观念，就是从这个基础上发展起来的，因而，也必须由这个基础来解释，而不是像过去那样做的相反。"[1] 从农业社会、工业社会基础上发展出来的社会理论的动力是人类处理自己与自然环境之间关系的变动，这种变动的基础是人类处理与自然之间关系的工具，即科学和技术。

现实共同体，包括人民群众生活的家庭、共同体、邻里，以及在生活过程中所形成的面对面的交往交流交融的各种公共活动、社会活动，构成了人民群众的物质生活与精神生活共同体。与此同时，个体因为身处互联网时代，与绝大多数社会成员一道成为互联网用户，成为互联网平台的终端，共同构建了扁平化、网状化社会结构。这种虚拟化的社会与现实生活中的家庭、共同体、邻里等实体社会交织在一起，构成当代社会的基本特点。社会治理必须兼顾实体社会与虚拟社会之间的磨合、矛盾、冲突以及发生在其中的各种问题。这种虚拟与现实社会融合形成的社会结构，因技术因素的介入变得更为复杂，解决这种社会形态中的问题和实施社会治理的办法使社会治理重心下移到现实和虚拟融合的社会构架中，既需要新理论指导，更需要新实践探索，还需要技术的坚实支撑。"如果良好的教育政策能帮助公民做好迎接数字化的准备，并在变革过程中通过社会政策为公民提供支持，那么数字化将给经济和社会带来成功。"[2] 身处科学创新、技术发明的大时代，科学家、技术人员需要人文情怀，全体社会成员也需要文化素养，不能人云亦云，随波逐流。理论创新、政策创新、技术创新的有机融合应当成为新时期人类发展的基本要求。

1　卡尔·马克思，弗里德里希·恩格斯 . 马克思恩格斯选集　第三卷 [M]. 北京：人民出版社，2012：1002.

2　阿希姆·瓦姆巴赫，汉斯·克里斯蒂安·穆勒 . 不安的变革：数字时代的市场竞争与大众福利 [M]. 钟晓睿，等译 . 北京：社会科学文献出版社，2020：126.

通常，学术界、理论界对上述现象的解释是从两个角度进行的：一是对实体社会的研究，用得比较多的理论和方法是，共同体建设、共同体分析、共同体调查、公共行政等；二是对虚拟社会的研究，用得较多的是，互联网社会学的观察方法、传媒理论等。问题是，现实与虚拟在人们的生产生活中已经融合，如何实现对新发展阶段上现实社会与虚拟社会重构的社会结构、社会治理开展全盘研究、综合施策，成为新发展阶段治理理论创新的重要任务之一。对这些问题开展研究，是推动中国特色哲学社会科学学科体系、学术体系、话语体系的切入点。从在实践中走在前列的行业、领域挖掘理论，中国有条件，也应当为人类知识生产和创新做出自己的学术贡献。

人类具有天然的社交本能，人们在平台上除了满足自己的生活需求、工作需求、交往交流需求，还可以进行某种程度的活动。互联网就其本性和精神实质是分享交流，即便是一个人面对电脑看动画游戏时也是在分享，一个人在平台阅读时也在不断交流。这样的环境下，人的社会属性在互联网中和互联网游戏消费中得到了满足。90 后、00 后特别喜欢弹幕，人们发表评论、吐槽，甚至争论，这些都是分享，吸引着越来越多的人参与，在这个过程中，企业为盈利寻找机会，也介入进来。互联网游戏强化了人们的社交属性，满足了人们的社交需求，打破了人们的现实空间与虚拟空间之间的界限：在虚拟空间中，不同现实空间的人们能够分享和交流。互联网的社交属性提高了平台的用户黏性，提升了用户的付费愿望，改变了人们交往的方式。互联网游戏产业改变了游戏的生命周期，人们不仅在平台上相互观察交流，也能够表达自己的感受。互联网的出现，特别是各种服务平台、社交平台、治理平台的出现使人们在更大范围内、更灵活的互联网环境下开展交往交流交融，这完全是一种新型的社会组织形式。

这里面有一个问题需要解决好，就是大量社会行为数据被互联网公司采集和管理，社会科学研究由于涉及隐私问题，很难进入这个领域，不仅研究人员进入不到数据系统，政府对于相关数据公司的管理和监管也存在一定困难，这也跟当前政府的监管方式、监管水平和数据采集特点有关。这是事关全面提升社会治理、政府管理水平的重要问题，必须在这方面下大力气，解放思想，实事求是，不断提升互联网数据监管、数据安全和使用水平；另外，加强对数据属性等重大理论问题研究，使已经产生的海量数据得到安全保障的同时，能够在其管理上有新的理论突破。解决好这个问题，一方面要提升社会科学家的自然科学素质，另一方面要加快推进政府有关数据管理使用研究的法律法规，在确保数据安全前提下，让更多的人通过大数据研究正在发生的社会现象，理解社会正在发生的深刻变化，提出更切合实际的社会治理政策建议。还有一个问题值得关注，数据专家对各种数据平台设计非常精细、科学规范，但数据科学家如何从人文的视角来理解人、理解社会、理解社会结构、理解人与人之间的互动至关重要，改善这方面的工作会使数据专家在充满人文情怀的过程中，把网络建设成具有社会内容和具有人情味的信息体系。

围绕互联网成为人们日常生活必不可少的组成部分，本书提出一个理论，暂且称作"扁平网状化社会结构理论"，这也是笔者在 2020 年出版的《以交流和沟通重构社会关系模式》[1] 一书的基本观点："基层公共空间和社会空间不仅仅具有经济意义，还有重要的社会意义。社会秩序和活动主要是在基层形成和建立的，家庭关系、邻里关系、单位内部的同事关系，这些都是最基本的社会关系。社会生活其实就发生在家庭和共同体里、发生在学校里和单位里、发生在医院和商店里的人际交往和交流，它随时随地影响每一个人。人们的日常生活的变迁影响着整个社会的变迁和社会的状态。"[2] 基于这个理论，这本小册子中的所谓扁平，是指人们的公共生活、社会生活，本质上具有地方性、共同体性、分散化，除非单位或某种需要必

1　中国社会科学出版社 2020 年出版，获中共中央党校（国家行政学院）2020 年著作创新一等奖。

2　丁元竹 . 以交流和沟通重构社会关系模式 [M]. 北京：中国社会科学出版社，2020：181.

须集中居住，在大多数情况下人们根据自己的经济能力、工作需要、居住偏好、家庭需要分散居住在城市或乡村的不同角落，他们的日常生活通过扁平化的公共服务体系支撑，这些，构成了人类社会生活的基层、底层、底部。所谓网状化，则是指由于现代通信工具，尤其是互联网的广泛应用，现实生活中的人们彼此被互联网链接起来，作为网络终端的接收者、操控者，既与分散在四面八方的亲朋好友、同事同仁保持沟通，也与各个互联网平台保持联系，以此满足自己在经济、社会、文化等方面的需求，通过各种平台及其数据和算法实现成千上万终端之间的无限可能的链接，构成现时代的网状社会，与平台链接的终端在空间上具有地方性、共同体性、分散化。基于这样理解的扁平化和网状化，审视社会治理重心下移，就要聚焦扁平网状化的社会结构，把社会服务体系建设在人民群众身边，把社会问题的解决聚焦到社会底部，通过数据发现可能隐藏的问题，在平台上理解，在终端上回应，在虚拟与现实社会的结合中解决。在现代社会，"'信息'的概念与'共同体'的概念是紧密相连的。我们必须看到，信息的概念必然涉及某种'含义'在多个主体之间的认识、共享、传播乃至交流"[1]。随着互联网的快速发展和技术的飞速进步，工程师不再把个人看作独立的存在，而是朝着关注个人与他者之间的关系的相互作用、利他性及个人之间的合作行为等方向演进。扁平化在空间上表现为：人们为了实施某一行动，解决某一问题，比如参加会议，不需要集中到特定公共空间，而是通过网络在不同的空间，私人空间和公共空间同时进行。比如，因为疫情而不得不为之的线下和线上会议就是在公共空间与私人空间、现实空间和虚拟空间中同时进行的，在空间上是网状的、虚拟与现实结合的，在时间上是共时的。这就形成互联网环境下人们之间的新的行为方式、社会交往、互动方式，进而形成了新的社会结构。在这种网络环境下，空间结构中的

1　广井良典 . 后资本主义时代：老龄化、少子化、不平等、零增长、阶级固化 [M]. 张玲，译 . 成都：四川人民出版社，2021：75.

人们的社会行为已经发生深刻变化，必须适应这种变化构建新的社会规范。举例说，在没有技术监督的情况下，如何确保参与的人们在网络上持续配合参与活动，在私人空间和虚拟空间中保持着与公共空间和现实空间的不间断联系？这一方面需要技术监管，其实目前进行的各类考试、面试中已经通过设置二机位实施监督监管；另一方面，也是最为重要的，是创新和培育人们的价值观念，要求社会成员具有更高的诚信和自觉。扁平化还意味着，随着经济社会发展、技术不断进步，全球化水平进一步加深，各类网络社群、个体终端的问题越来越多，比如，抗击疫情中的民生、治理、治疗等问题，经济、社会、文化等各类问题相互交织，比传统意义上的共同体建设中的住房、就业、贫困、残疾人等问题更为复杂，它延伸出了一系列其他方面的问题：虚拟与现实、物质与精神、个体与群体等，以及生活背后的世俗力量和个人对群体的担当，群体为实现自己目标与政府之间的互动等，错综复杂。

在网络环境下，现实生活中的扁平网状化不是简单地将居民皈依自己所居住的共同体，而是在共同体现实空间基础上，依赖纵横交错的网络，形成网络中的虚拟社会互动，产生网络环境下的信息交流、情感交流，通过网络提供各类服务。在这个意义上，应该重新定义共同体，共同体是具有既定边界，又超越既定边界的现实空间与虚拟空间日趋融合的共同体。既定边界是人们现实生活中必须面对面地现实生活，必须面对面地交往、不能回避邻里关系等；在网络环境下，人们又超越现实空间，在网络上与其他平台联系起来，形成更大共同体，不同网络中的社群交叉交错，形成扁平化的网状社会结构。在这个意义上，社会治理重心下移意味着必须在政策上从传统意义的宏观社会管理，诸如流动人口、老龄化、国外人口管理、各种犯罪行为等，聚焦基层人民生活、基层社会关系、共同体文化活动、终端行为等，从基层人民的生活切入解决问题，提高人民群众参与经济社会发展，参与国家事务和解决自身问题的能力和水平。

数字化给社会发展和社会治理带来了全新的挑战：不仅技术在快速发展，社会运行机制也在发生深刻变化，社会运作方式已大不相同，社会关系模式是全新的，且界限模糊。因此，对于什么情况下互动会带来问题，或者如何界定网络产品滥用，已成为新发展阶段社会建设的新问题。这不仅关乎政府主管部门的政策制定和政策实施，也关乎社会秩序及国家为了实现社会健康发展而制定相关的指导原则——将大大不同于传统社会治理的原则。

为实行技术进步制定新的社会政策，就需要了解社会在网络环境下是如何变化和如何运作的，它与传统社会有什么不同。互联网，特别是移动互联的快速扩张，使互联网用户发展到了令人难以置信的规模，互联网几乎成为整个社会的中心。人手一部手机，整个社会发生了深刻的变化。数字产品越来越吸引人，使人们越来越把更多的时间用于数字产品，比如社交网络、微信、游戏、抖音等。时间的刚性特点，人们使用这些网络产品，就不可能再去使用其他东西，就不可能用更多时间去读书、交友、增进亲情，在某种程度上，一些人被互联网俘虏了。这种现象将导致社会关系模式的深刻变化，造成传统意义上的共同体边界的消失。例如，某一产品，通过社交网络，通过互联网市场进入共同体，与传统共同体形成互动，嵌入共同体生活，这类现象已经变得非常普遍。

接下来，我们基于以上历史和理论视角，继续分析新发展阶段基层社会生活出现的新特点新趋势，进而在具体的基层工作层面上理解扁平网状化社会结构下的基层社会特点，以及我们应该采取的对策和措施。

处在扁平网状结构中的人们，因使用互联网的时间有早晚，形成了"代沟"，尤其是，现代信息技术迭代发展，晚辈们似乎总是被技术鸿沟隔离着，而且数字鸿沟是动态的。在互联网环境中生长起来的 95 后和 00 后，对于图像文字的感知和认识与其前辈不同，认知方式不一样，思维和知识生产的方式也不尽相同，这增加了当代社会的复杂性。从发生学角度看，人类先是在现实空间中构建社会关系模式，开展社会活动和生产活动，随着互联网发展，未来一个时期，元宇宙、ChatGPT 等技术的开发和应用，人类深度融入虚拟空间，在其中构建社会关系模式并开展社会活动和生产活动。现实空间发生了新变化，出现了一系列新特点新问题，虚拟空间也随着技术和年轻一代的成长在逐步形成。技术变化改变了人们的交往方式、交流方式、生产方式和生活方式，形成了一种全新的私人空间、社会空间。代与代之间出现了前所未有的变化，特别是 Z 时代的出现，他们的思想观念、行为方式，以及交往方式已经完全不同于他们的前辈。Z 时代思想观念的变化可以与 19 世纪人类从传统社会向工业社会转变过程中人们的思想观念、行为方式、生活方式的变化媲美，甚至可以说是一场深刻的社会变革，这已经不同于费孝通在《乡土中国》所描述的传统社会的代际关系和治理模式："孩子碰着的不是一个为他方便而设下的世界，而是一个为成人们方便所布置下的园地。他闯入进来，并没有带着创新秩序的力量，可是又没有服从旧秩序的心愿。"[1] 现时代的问题恰恰相反。随着技术进步和迭代发展，年长一代碰到的是年轻一代为他们设下的虚拟世界。这种代际关系的变化，深深地影响了现代社会结构、社会关系。正如马克思说过的，人就其本质来说，是一切社会关系的总和，在这些社会关系中，生产方式是最基本的社会关系。互联网基础上的生活方式、商业模式变化，进而带来生活方式变化，深深改变了当代社会结构，不把握住这一点，就不能把握当代社会的发展。

从近期在美国出现的 ChatGPT，我们看到了技术对话的价值。阿诺德·佩西（Arnold Pacey）和白馥兰（Francesca Bray）认为："'技术对话'一词在此用于描述不同民族和社群面对陌生技术时的反应。某个地区的人接触新技术时，往往会改动该技术的原始设计，或者做出进一步的创新。"[2]

1　费孝通.费孝通全集　第六卷 [M].呼和浩特：内蒙古人民出版社，2009：162.
2　阿诺德·佩西.世界文明中的技术：四海一家，跨越千年的对话与交流 [M].朱桐樾，译.北京：中信出版社，2023：1.

按照他们的思考，技术不是简单地从一个地方传播到另外一个地方，被简单应用，而是会在传播进程中引起另外一个地方新技术的发明。ChatGPT 发明于美国，不久人们会看到，其在各国的应用中会因为各个国家的历史、文化、发展阶段、制度环境、技术能力等因素而发生变种。人工智能是全球合作的产物，今后它的应用和发展依然需要全球合作与对话。世界文明体系和文明进化历史表明，技术发展本身依靠共同体产生变革和创新动力。

马克思、滕尼斯建构了工业社会的共同体理论。在智慧生态中，"将智慧城市进化发展至'社会 5.0'的过程需要解决的技术制度问题，即如何将交通、能源、健康民生等各种不同的领域组合起来，互通信息和数据，形成'信息合作基础'。换言之，构建一个跨领域互相合作交流信息的系统是一个亟待解决的问题"[1]。在这里，人类生活，物理的和虚拟的，将紧密结合在一起，构成一个虚实结合的公共领域。换句话说，"通过融合网络空间和物理空间（现实世界），建设'以人为中心的社会'，为人们提供宜居、充满活力的高品质生活。'社会 5.0'建设不限于物品，更在于通过互联网将人串联起来，实现人联网（Internet of Human）"[2]。在建设人联网的过程中，要建立起一种机制，动员居民主动自觉提供数据，公司确保数据隐私不受侵犯，国家严格监管数据安全。必须打破行政、市场、社会之间的界限，建立和完善各个不同部门的对话机制，建立起"以人为中心的社会"。在社会意义上，"数字平台是一个'开放的共同体'，它让原本互相矛盾的两种形态共存，有望为人们提供匹配的机制"[3]。智慧生态下的社会与费孝通在《乡土中国》中描述的"空间隔膜"乡村社会已完全不同，在既定的物理空间中人们可以视为在空间上孤立隔膜，但在互联网世界里，人们处于

---

1   日本日立东大实验室. 社会 5.0：以人为中心的超级智能社会 [M]. 沈丁心，译. 北京：机械工业出版社，2020：96.

2   日本日立东大实验室. 社会 5.0：以人为中心的超级智能社会 [M]. 沈丁心，译. 北京：机械工业出版社，2020：116.

3   日本日立东大实验室. 社会 5.0：以人为中心的超级智能社会 [M]. 沈丁心，译. 北京：机械工业出版社，2020：177.

开放的世界里，即开放共同体。在这个意义上，共同体已经有了新的含义，本来人们用"共同体"表述特定物理空间（人文区位）或心理空间中的相互联系、情感互动、思想认同，现在在互联网环境下，共同体具备了虚实结合的开放性。如果说，19 世纪开启的工业革命和城市化启发人们反思和认知人类社会关系模式变化，即共同体问题，那么，进入 20 世纪后期，尤其是 21 世纪初，人类考虑由信息技术革命塑造的"开放共同体"问题。共同体的边界出现了新的特点，也超出了赫尔穆特·普莱斯纳对共同体边界的探索，人类站在新的历史和认知起点上。这个起点被日本研究者们描述为"社会 5.0"。"网络空间与物理空间（现实世界）高度融合的超级智能社会，这就是'社会 5.0'的形象。在 AI 技术和大数据的支撑下，社会的整体状态将会大幅改变。我们的目标是改善从根本上妨碍社会可持续发展的种种问题，创造人人幸福生活的人性化社会。"[1]"人人幸福生活的人性化社会"是对新时代人民生活品质的时代化表述，也是人类文明新形态的具体表述。

从火车到喷气机，从计算机到互联网，从信息社会到智慧社会，人类社会已经和正在发生前所未有的变化。"'摩尔定律'预测的计算能力的指数级增长，意味着今天我们手中的智能手机已具备几十年前价值数百万美元的巨型计算机的计算能力。不过，对未来而言更重要的，是微芯片计算能力仍在呈指数级增长。这意味着五年后我们将拥有的计算能力，又将远远超过过去五年我们拥有过的。"[2]更令人惊奇的是，ChatGPT 的出现引发了人们对人工智能在知识创新和智慧开发中意义的热议。未来，不仅计算能力会按照"摩尔定律"增长，人工智能也将会按照这样的定律发展，甚至会以超过摩尔定律所揭示的时间和速度，挑战人类智慧、人类知识生产，

1　日本日立东大实验室. 社会 5.0：以人为中心的超级智能社会 [M]. 沈丁心，译. 北京：机械工业出版社，2020：224.

2　汤姆·惠勒. 连接未来：从古登堡到谷歌的网络革命 [M]. 王昉，译. 北京：北京时代华文书局，2022：171.

包括哲学社会科学知识生产。人工智能改变了人类的社会关系模式，改变了碳基人与硅基人之间的关系，建立在这种变化基础上的哲学社会科学理论不变化都不行，哲学社会科学的知识生产也将摆脱传统，走向迭代和颠覆式创新。

人类正迎来第四次工业革命浪潮，正处于从信息社会向智能社会转型的关键期。在这种转变中，计算技术正在经历变革，甚至是颠覆性变革。智能计算被认为是未来计算的发展方向，不仅是面向智能计算，而且是智能赋能计算。它将提供通用、高效、安全、自主、可靠和透明的计算服务，以支持当今智能社会中大规模和复杂的计算任务。"低成本的计算能力与无处不在的网络结合，让网络的主要活动从过去的传输信息，转变为通过对信息加以编排创造新信息。无处不在的计算能力与大数据相结合，创造出人工智能。分布式网络用分布式信任的区块链取代了传统的集中式信任范式。"[1] 智能技术对社会的影响既来自网络技术革命本身，也来自社会对技术革命的反应。目前看到的智能技术或许是有史以来最强大的、最普遍的社会巨变。眼前正在发生的是，计算能力已经从机房中的大型设备和台式计算机中转移到微小的芯片处理器上，并进入"云端"，这正是人类已经经历和正在面对的硬件世界的变化。信息快速广泛传播，促进了思想交流和创新意识产生，引发思想文化领域革命。当时的意大利文艺复兴就是建立在信息技术进步基础上的。

面向智慧社会的理论创新包含了两层意思：一是要深入研究和总结以往人工智能技术应用过程中的实践经验，进行学理阐释，包括人工智能在经济、社会、政府、环境等领域的应用；二是考虑对已经出现的智慧技术，包括 ChatGPT 的管理问题。如：进行学术探索，应当将人工智能的性质定义为促进人类发展和为人类谋福祉的工具，避免出现人工智能对人类社会

1　汤姆·惠勒.连接未来：从古登堡到谷歌的网络革命 [M].王昉，译.北京：北京时代华文书局，2022：Ⅶ.

的颠覆。在能够预见的范围内，人工智能可能带来大规模失业风险，可能被人利用制造大规模虚假信息，因其具备编辑代码能力可能发起对人类计算机网络系统攻击，等等。这些，都不应当是人类发展科学技术的初衷。为了解决好这些问题，必须探索运用技术管理智慧社会、人工智能。

　　人们之间要拥有稳定和持久的社会关系，就需要不断地接触、交流、交往、讨论，否则这种关系就会变得非常脆弱，甚至遭受破坏。人类可以在良好人际关系中得到强烈的感情体验。按照邓巴数理论，人们交往、熟悉的程度是从最亲密的家庭成员、亲朋好友往外拓展的。首先是家庭成员朝夕相处，以血缘关系为基础；好朋友经常往来，相互关心，互相帮助，频繁问候，它们构成了人类关系的核心。核心层次通常只有几个人，然后拓展到十几个人，再到几十个人，人类的认知能力的进化使得人际交往的规模大约可能到 150 人左右。互联网的快速发展与人类认知能力的缓慢进化存在时间差。即便是互联网时代，人们在网络上交往也需要时间，网络时间占用多了，就会挤压日常生活中面对面交流的时间。邓巴数定律讲了三个基本定理：群体规模与大脑新皮层的大小有非常显著的相关性；每个人拥有的社交网络规模在 150 人左右；关系最为密切的社群，一般都有 3—5 个人组成，这些人基本上就是一个互相交流和友好沟通的朋友圈。这一数字被称为邓巴数，社群的重点不在于关系的数量，而在于一些重要关系的质量。邓巴数定律不仅符合人类的认知规律，也符合经济学的基本原则：机会成本。"按照经济学家的观点，时间是缺乏弹性的。你不能压缩它，只能更有效地使用它，这在如何维持关系的背景下就变得非常重要。正如我在前文中所解释的，友谊的质量取决于我们实际花在与朋友互动上的时间。做得越多，我们就会在关注这个人上越投入情感。我们花在互联网上的时间是从与家人和朋友面对面交流的时间中挤占出来的。"[1]

　　这里谈谈人为设置互联网社群规模问题。或许考虑管理上的便利，微

1　罗宾·邓巴. 最好的亲密关系 [M]. 周晓林，译. 成都：四川人民出版社，2019：215-216.

信社群只能限于 500 人，客观上它接近邓巴数定律。但也看到，用强制方式建立起成千上万，甚至数十万的网络社群，从算力看，对其进行分析不成问题，发出通知和告知也极其便利，但若要人们形成信任关系，相互认识非常困难。作为社交平台，数万人，甚至上百万人的群是不可能实现亲密的社会交往目标的，也不可能进行亲密无间的讨论。只有以信任、认识为基础的社群构建才是最有效的，也是最容易治理的。只要仔细研究就会发现，真正有质量的交往，不会是一个很大的规模，也往往不是因为规模大才能够展开讨论、形成思想、形成创新，如果没有质量，数量的价值就会大打折扣。要时刻记住，不要把社交媒体变成手掌上的报纸、电视。一旦社交媒体拓展到上万人、上百万人的时候，它的社交功能就会大大地降低，形成不了解决问题的社交群体，而它的传媒功能会大大地提升。在这个意义上，以读书学习为目的的微信社群规模应该有数量限制。若是建立一个上万、几十万人的网络社群，形成有效的社会活动，必须进行层级管理。

观察和体验现实生活，微信通常具有十大功能，它们分别是：媒体、商业平台、支付功能、会议室和教室、社会资源的聚集平台、创意源头、客户发源地、就业和创业平台、社会信用基础、资产。结合以上案例，这里着重分析与读书学习有关的几种功能。微信是社交媒体，分享是它的基本功能。它发挥着重要的信息传播功能，每天打开自己的微信界面，会看到微信社群成员们传来的各自感兴趣的信息，甚至一些重大新闻。微信传播不像电视、收音机、报纸那样单向传播，微信的传播是双向、多向的，是在线互动的。微信本是群聊为主的社交媒体，现在慢慢应用到各个领域："我们的朋友圈变得越来越多地围绕着一起工作的人，社交越来越依赖于一起工作的人。在传统社会中，人们的婚配都局限在一个小型共同体范围内。对于整个共同体来说，和那些人一起定居才是最重要的。你可以向共同体内的人寻求婚配建议，即便不寻求，也会有人免费给出建议。通过扩展的交际网，有人提供方案，有人提出建议。在旧时的情况下，关系网络为我们提供了保证，并保护了我们的安全，这对于现代社会而言是非常奢侈的。在今天分散的、支离破碎的社会里，我们缺乏这样的机会和保证。"[1]个体之间、工作单位设置的各种微信社群给人们的生活和工作带来了很大方便，无形中使人们依赖微信生活和开展工作。微信成为会议室和教室。依托微信，人们通过视频、音频进行交流、讨论、争论重大问题，可以通过视频和音频进行图像交流，表达思想，表达感情。学校教师可以为学生和家长创建群组，布置作业和下发紧急通知，学生可以在网络上完成自己的课堂作业和家庭作业。培训机构可以使用即时组开展培训并与参与者分享知识。微信扮演了学习室和培训会议室的角色：讲授、培训、传播知识，开展教育活动，特别是小型微信社群更使这种教育功能发挥得淋漓尽致。大部分微信社群交流是虚拟空间中进行的，缺乏面对面交流的场景，容易造成大量信息流失，尤其是因缺乏无意识和无意间的交流，不能激发人们的深度思考。微信成为社会资源的聚集平台。微信可以把分散化的个体集聚在同一平台上，每个人背后所拥有的关系、资源、信息可以呈现在平台上，形成庞大的社交网络。人们通过信息分享和信息咨询，得到每个人能够获得和希望获得的资源。通过微信，陌生人变成了网友，变成了朋友。微信变成创意源头。在互联网时代，最值钱的是创意。在微信社群中，群友之间通过微信交往交流、思想碰撞、讨论争论，甚至争吵，启发思想、汇集智慧，通过参与微信社群活动产生新的灵感。特别是在一个随意、任意的微信社群中更是这样。微信的基础是社会信用，凡是能够进入到这个群中的成员，要么受群主邀请，要么以某种方式进入群中，以线下认同和线下组织为基础，比如单位成员参与单位工作群、生活群，都是以单位为基础的，必须遵守微信社群的社群规矩，对自己推送的内容，必须确保质量品质，否则他就会在群中失去信任，甚至被群主踢出社群。

当前，新一轮科技革命和产业变革突飞猛进，学科交叉融合不断发展，

1　罗宾·邓巴.最好的亲密关系 [M].周晓林，译.成都：四川人民出版社，2019：206.

科学研究范式发生深刻变革，科学技术和经济社会发展加速渗透融合，基础研究转化周期明显缩短，国际科技竞争向基础前沿前移。应对国际科技竞争、实现高水平自立自强，推动构建新发展格局、实现高质量发展，迫切需要我们加强基础研究，从源头和底层解决关键技术问题。一是未来随着虚拟现实技术发展和成熟，它将为人类提供与物理现实大致相同的生活，甚至有可能产生虚拟现实超越物理现实的效果，依赖于虚拟技术，诸如隐形眼镜、视网膜植入或脑部器件植入等，这些个结果是可以预见的。哲学、人文社会科学理论需要基于智慧生态考虑理论发展和方法创新。二是学术研究将会发生革命性变革，凭借虚拟现实头显、人工智能算法与算力，人类可以对整个社会和人类行为进行合理模拟，传统的哲学社会科学研究方法将被迭代、颠覆，知识生产方式将发生革命性变革。

1917 年，列宁在其《论策略书》一文中写道："现在必须弄清一个不容置辩的真理，就是马克思主义者必须考虑生动的实际生活，必须考虑现实的确切事实，而不应当抱住昨天的理论不放，因为这种理论和任何理论一样，至多只能指出基本的和一般的东西，只能大体上概括实际生活中的复杂情况。'我的朋友，理论是灰色的，而生活之树是常青的'"[1]。

列宁的这句"理论是灰色的，而生活之树是常青的"，是引用了《浮士德》第 1 部第 4 场《浮士德的书斋》中的话，阐述了一个近代以来思想家们关注的认识论和知识创新的理论：理论必须随着实践不断发展和创新。马克思主义理论要在实践中发展，哲学社会科学自然也要在实践中发展。

自产生之日起，哲学社会科学就不断随着社会经济发展不断发展，每个时代的哲学社会科学思想都是那个时代社会经济发展在学科体系上的学术表述，正如马克思在《政治经济学批判》序言一文中所说的："物质生活的生产方式制约着整个社会生活、政治生活和精神生活的过程。不是人们的意识决定人们的存在，相反，是人们的社会存在决定人们的意识。社会

1　列宁.论策略书.列宁选集　第三卷 [M].北京：人民出版社，2012：26-27.

的物质生产力发展到一定阶段，便同它们一直在其中运动的现存生产关系或财产关系（这只是生产关系的法律用语）发生矛盾。于是这些关系便由生产力的发展形式变成生产力的桎梏。那时社会革命的时代就到来了。随着经济基础的变更，全部庞大的上层建筑也或慢或快地发生变革。"[1] 马克思主义经典作家生活在 19 世纪的第一次工业革命和第二次工业革命的进程中，他们的思想深深打上了时代烙印。从马克思、恩格斯创立他们的理论至今，已有 130 多年，人类历经第三次工业革命，正在迈入第四次工业革命的门槛，当今世界面临百年未有的大变局，互联网、大数据、云计算、人工智能正在把人类带入智慧社会，如果说第一次工业革命将人类从体力劳动中解放出来，那么，第四次工业革命将会把人类从脑力劳动中解放出来。足见这场革命性变革将产生的震撼，可以预见，它将迭代现有的哲学社会科学理论、社会研究方法，实现社会知识的迭代创新。

以信息技术、人工智能为代表的新兴科技快速发展，大大拓展了时间、空间和人们的认知范围，人类正在进入一个"人机物"三元融合的万物智能互联时代。未来的哲学社会科学理论创新需要基于智慧社会发展的特点，技术迭代发明和颠覆性创新，始终坚持以人民为中心的发展理念，紧紧围绕把蛋糕做大做好，为人类创造更多财富，使更多的人分到蛋糕，享受财富。增进人民福祉，提高人民生活品质。人类正处在巨大变革的前沿，即将到来的变化仍有很大不确定性，哲学社会科学理论需要随着智慧技术不断发展，增强自己的穿透力、预见性，推动人类社会发展行稳致远。

为了进行深入探索，让我们考虑一个假设的场景，其中碳基和硅基生物共存并寻求组织一个共同的共同体。在这种情况下，需要解决几个问题才能创造条件让它们一起工作和生活。首先是理解与沟通，碳基和硅基生物在生物和生理组成上存在根本差异。克服这些差异需要深入了解彼此的

---

1 卡尔·马克思，弗里德里希·恩格斯. 马克思恩格斯选集 第二卷 [M]. 北京：人民出版社 .2012：2-3.

性质、能力和沟通模式。开发先进的交流形式，如先进的语言翻译系统或共享的技术接口，可以帮助弥合差距。其次是环境的相容性，碳基生命形式，包括人类，适应地球特定的环境条件。硅基生命形式，如果存在，可能有不同的环境要求。创造一个满足碳基和硅基生物需求的共享环境可能是一项重大挑战。这需要仔细考虑温度、大气成分和资源可用性等因素。再者是技术整合，假设硅基生物拥有先进的技术能力，将它们的技术与碳基人类的技术整合至关重要。找到共同点并调整技术系统和接口可以在研究、解决问题和资源管理等领域实现协作与合作。还有，伦理和社会考虑，两种根本不同的生命形式之间的共存将引发复杂的伦理和社会问题。建立尊重这两类人的权利和尊严的共同价值观、规范和道德框架是必要的。确保决策过程和治理结构公平、平等和包容性对于促进和谐的共同体非常重要。

"从工业时代到后工业时代有一个基本的转变，在工业时代，知识被用于制造机器，进而生产有形物品和其他产品，而在后工业时代，制造机器是为了帮助人们完成知识劳动。"[1] 在这点上，通用人工智能的出现就比较有代表性，它同时也提出了后工业时代的知识产权问题：首先是如何界定知识产业，其次才是如何保护知识产权。"数字化在一定程度上改变了经济原本的基本运作原理，也改变了市场的运作机制。某些非常重要的行业因为数字化而发生了颠覆性的变化。"这里的"颠覆性的变化"必将包括知识生产方式和知识产权性质。在知识生产方式发生根本性变化的环境下，知识产权的定义和保护毫无变化，这将是一件奇怪的事情。历史上的各种目标和标准充斥着生产和生活，压抑了人们思考和探索的热情。要允许专家以开放的心态思考问题，尽量减少僵化的教条对他们的约束。

人们经常抱怨所在的群组人数众多，推送内容纷繁复杂，没有时间关注群组聊天记录，在线上弹出这么多群组很耽误时间等。我们要认识到，

1　莎拉·罗伯茨.幕后之人：社交媒体时代的内容审核 [M].罗文，译.广州：广东人民出版社，2023：51.

微信读书社群是一个学习方式，而不是说它是一种学习方式。如果我们说微信学习社群是另外一个课堂或者第二实验室，可以想象我们会做出什么样的东西来，可能就做出第二课堂或者实验室，这就需要对互联网本身的特点、微信本身的特点进行研究，对互联网时代人们的心态、行为、生活方式进行研究，进而使微信读书社群真正成为一个新的、体现网络特征的学习方式。在时间碎片化和移动互联时代，微信社群让人们利用各种碎片化时间获取信息和知识，丰富自己的思想，提高个人修养，形成自己的精神世界，开展学术研究。微信读书社群为活跃成员的精神生活和社会交往，必须培育大家之间的相互信任、感情交流，形成稳定的队伍，形成社交圈子和思想交流圈子，产生思想碰撞，形成知识，把知识生产推向深入。微信读书社群必须有规则。只有制定规则，才能按照统一的主题讨论。微信社群有时会产生很多信息，不断会有各种各样的推送，有时会变成巨大的信息垃圾场。规则必须有，但同时又要鼓励人们无拘无束地交流。各种主题讨论，活跃气氛非常重要。微信社群的影响力比朋友圈大，比公众号更具有穿透性，但它只有在互动中才能产生价值、思想、知识，构成知识平台。在这个意义上说，微信读书社群具有巨大的媒体价值、社交价值、思想碰撞价值，是进行头脑风暴（brain storming）的过程，是启迪思想的重要平台。微信读书社群的人很多，并不代表他们都进入了微信群的社交圈子，也不等于他们与群主和社群成员建立了信任关系。群主需要通过保持一定的活跃度来维持社会交往，提高社群活跃度，强化人际关系。人际关系需要不断维持，社群成员再多，如果群主不经常发言，不搞活动，不活跃气氛，这个群可能就成为一个"僵尸群"。微信读书社群的活跃度是衡量其质量的重要指标。在智能化、数字化、互联网化时代，知识不仅存在于人们头脑中、书本上，还将越来越多储存于互联网中，存在于线上，甚至随着科学技术发展，可以通过人机相连，置于人体。这也会带来一系列问题：互联网时代学习方法和获取知识的路径。网络读书，特别在微信社群上读书，要体现网络的根本特征，那就是它是社交媒体。在社交媒体上如何通过互动交流，产生思想碰撞，讨论议论观点，解决现实问题，最终推动知识形成，增长见识，推动思考。互联网读书的重要特点之一是，在领读者表达自己观点愿望的同时，参与者也可以表达自己的愿望和观点，即时互动。表达是每个人的需求，感受观点，促进双方、多方形成共识。网络提供了可以 N 方在线即时交流的机会和空间。网络阅读过程中的表达，被别人认可、赞扬、质疑、评论，会使表达者充满喜悦、激励、反思，甚至进行深度思考。每一个表达者都希望得到别人的认同，也希望通过表达展示自我，这是一个形成共识的过程，也是社会关系模式的塑造过程。与个人读书相比，网络读书可建立更强的社会纽带，创造活跃的社交网络。人们在网络上读书互动的时间越多越能产生积极向上、奋发有为的社会情感，培育出新的社会心态，人们越是一起学习越会创造更大社群的感觉。学习者们不只是在网络里讨论、争论、分享知识，他们还肩负着更大的使命：创造一个更大的社会、更大的社群、更多的思想、更新的观念。他们的思想观念相互碰撞，相互交流，相互融合，最终达成共识。诚然，用网络学习替代现实中的相互交流不是最完美的。事实上，现实中的社会交流可以通过无意识间的言语、表情提示，产生更多的思想碰撞、内心活动。但网络学习确实能够使人们在太过于繁忙、太过于紧张的时段，保持着与书友、学友的广泛联系。互联网环境下，集体汇集起来的智慧、信息、知识肯定会超过某一具体个体，甚至某一个专家，这是互联网时代学习的优势和特色，但如何在阅读经典的过程中加强交流，实现线上线下学习的有机结合非常关键。也就是说，人类在由纸质书本读书向网络读书转型过程中，如何把书本、读书、思考与互联网读书、互联网知识有机结合起来，进而形成知识生产的新方式？眼下，各个领域的实践探索推动了新时代读书和知识生产这一重大问题的探索，也提出了互联网时代如何读书、读好书、读有用的书和进行知识生产的新思路、新办法。为了进一步推动学习迈上新台阶，后台服务必须从简单地进行各个群之间的数据统计转向研究书友们的工作、专业、兴趣爱好。通过大数据计算，实行精准推送，不断发挥互联网优势，使读书活动迈上新台阶，产生新效应，引领整个社会读书，推动书香社会建设。必须使读书活动适应现代化要求，实现高质量发展，把文化建设和全民读书推向新阶段、新水平。当然，向不同领域的人们推送新知识、新理论、新信息，对拓展他们的视野，开拓他们的知识，建立新的知识框架是有帮助的，帮助成效如何主要取决于接收者如何看待这些问题，如何调动他们的积极性、主动性和创造性，使他们有更多的时间、更多的精力关注读书、参与读书、参与讨论。微信读书社群不在于关系的数量，不在于读者的数量，在于人们之间讨论的质量，其重要指标是，是否讨论出问题，是否形成新思想、新认识，是否生产出有价值的知识。

　　网络读书需要对网络内容信息加以理解，理解的过程是知识生产的过程，因为理解是需要通过自己已有的经历经验、专业知识、社会感知等方面的把握进行各种知识创造的过程。所以理解行为是具有高度价值和非常重要的认知行为。就个人来说，理解包含着人们对自身行为、内心世界的自信。面对挑战，既不能畏惧信息技术及不断扩张的互联网带来的海量信息，又必须对信息技术、数字化和海量信息进行深度处理。在这个过程中，人类将成为强大的认知者、知识生产者，同时还要使每一位网络成员成为更加负责任、有更高理解能力和更强认知能力、更大生产能力的网络成员。

　　进一步需要探索和发展的理论是，人机互动和社会趋向扁平化引发自然科学与社会科学的融合问题。这里有现实实践提出的几个问题：社会科学对数字在社会治理过程中的应用，对社会关系出现的变化，对社会结构出现的变化怎么样去解释？现有理论能不能解释这些新现象？怎么样让数字更具有人文属性？这都需要社会科学及时跟进。未来社会关系可能是智慧化、人文化基础上的和谐社会关系。在信息化、数字化时代，如果社会学家不深入到虚拟世界，不深入到大数据系统中分析社会行为，全面把握社会运行的脉搏是有一定困难的。通过参与虚拟社会，在其中交往交流，在后台通过大数据即时了解互动进程，了解被研究对象的所思所想、所作所为，进而描述社会的运行、社会的体制机制，形成对社会深刻和动态的认识，这才是新发展阶段的哲学社会科学应该具备的特色、风格和气派。人们的行为、思想、心态反映在互联网中，反映在他们使用的各种交往交流交融的工具中，反映在查询、搜索、阅读等具体活动中，要把握人们的内心世界，就必须在互联网上进行实时研究。过去，人们通过言谈举止、信函文献来理解人、理解社会，互联网时代则不是这样，互联网时代的每个个体的行为、心态、情绪可以在线反映。在虚拟空间中把握人们的现实行为，了解社会结构、社会体制非常重要，这对传统社会学理论和方法都提出了挑战。尽管中国不是互联网的发源地，也不是互联网关键技术的开发国家，但是中国是使用互联网人数规模最大、应用程度最广的国家之一，这种应用改变了它自身的社会结构。在广泛使用数据过程中，居民应用数据的能力和基层干部应用数据的能力怎样提高？这里也涉及一系列深层次的重大理论问题，例如，社会的数字化转型问题、数字化基础上的社会结构问题等，这些都是当下必须回答和解决的问题。

基于以上的理论分析，本书认为，互联网造成了社会扁平化的准确界定应该是：人们通过互联网可以便利地获得信息，表达自己的诉求，获得各种服务。互联网要促使人们在实际过程中获得所谓权利平等、人与人之间的关系平等，还需要社会体制改革创新。网络会成为促进社会结构变化、治理模式变化的重要工具，发挥着基础性的作用。但真正使社会结构发生变化、治理模式发生变化，还是要推动社会结构本身和治理机制的变化。在这个意义上，我们说社会的数字化转型和政府治理数字化转型，只是说技术在这个领域中的应用，至于产生什么结果还需要进一步研究，信息化没有因为人们表达意见就可以自动解决问题。技术发挥作用的程度和性质取决于社会结构的基本情况和政府在多大程度上会对自己的治理模式进行改革和创新。客观地说，网络化、数字化公共服务发展还是比较快的，如医疗、教育、文化、人口服务、公共卫生等，都极大便利了人们的生活。在社会治理领域，人们的沟通方式确实发生了变化，民意反馈效率也大大提高，主要还是反馈系统完善了，但相对于互联网发展来说还不能与时俱进地解决人们关心的问题，这是社会治理问题的关键。尽管包括北京市在内的一些地方在积极探索"接诉即办"等基层社会治理新模式，但受制于人员、资源、资金、体制机制等因素，解决问题的速度和反映问题的速度并不是同步的，甚至一些问题还不能得到有效解决。

双重公共空间理论

对实体和虚拟共同体的更深度分析可以建构起双重公共空间理论。20多年前，社会学家曼纽尔·卡斯特（Manuel Castells）在其著名的《网络社会的崛起》一书中阐述了现实社会与虚拟社会的区别及特点，[1] 他也从时间和空间视角审视了互联网崛起对人类经济和社会的影响。卡斯特首次出版这本书是在 1996 年，2000 年该书再版。他出生于 1942 年，经历了大型计算机（大约在 20 世纪 60 年代）、个人计算机（20 世纪 80 年代），也经历了 1976 年测试的网络互通协议、1983 年演变为互联网（Internet）、1989年万维网（World Wide Web）问世、1995 年"智能电话"（Smartphone）在美国问世、2000 年加载照相功能的手机开始流行等。《网络社会的崛起》是对这个阶段技术史进行的深刻理论反思，甚至包含了大量未来预测。《网络社会的崛起》对中国学术界研究和认识信息社会产生了深刻影响。但进入 21 世纪，人类在信息技术领域取得了巨大进步，搜索引擎、广告引擎、社交网络、苹果手机、无人驾驶、深度学习、人工智能等，一浪高过一浪，

1　曼纽尔·卡斯特.网络社会的崛起 [M].夏铸九，王志弘，等译.北京：社会科学文献出版社，2006：350.

直至现在人们高度关注的 ChatGPT，这些都是《网络社会的崛起》未曾预料和触及的新内容。人工智能的出现将改变学术界的认知方式，产生革命性影响。

在农业和工业社会生长出来的社会理论在智慧生态下将面临巨大挑战。由于互联网技术迭代发展和应用，传统乡土社会"孤立隔膜"的空间中人们在时间上的代际继替发生了改变——年长一代与年轻一代虽然生活在同一实体空间，却因数字鸿沟不断扩大相互之间的距离——生活在不同的虚拟空间中。不仅年轻一代理解不了年长一代的思想、心情，年长一代也理解不了年轻一代的思想、心情；所有社会成员，不分年长与年幼，都生活在现实与虚拟空间中，但因为掌握智能技术的水平、能力、特点的差异，造成了年长和年幼两代人产生不同的认知方式、行为方式、思维方式，造成了当代社会结构、社会关系模式的新特点新趋势。这是理解当代基层人民生活的新视角，我们将其称为"双重时空"，也将其视为对智慧生态下社会治理理论的探索和创新。

在网络环境下，现实生活中的扁平网状化不是简单地将居民皈依自己所居住的共同体，而是在共同体现实空间的基础上，依赖纵横交错的网络，形成网络中的虚拟社会互动，产生网络环境下的信息交流、情感交流，将人们的社会活动、经济活动溢出实体共同体，通过网络提供或获得各类服务。基层治理应该重新定义共同体，在互联网环境下，共同体是具有既定边界，又超越既定边界的现实空间与虚拟空间日趋融合的共同体。既定边界是人们现实中的面对面生活，必须面对面交往、不能回避各种现实社会关系等；网络环境下，人们超越现实空间，在网络上与其他平台联系起来，形成更大的共同体，不同网络中的社群交叉交错，形成扁平化的网状社会结构。在这个意义上，社会治理必须在政策上从传统意义的宏观社会管理，诸如流动人口、老龄化、国外人口管理、各种犯罪行为等聚焦基层人民生活、基层社会关系、共同体文化活动、网络终端行为、网络舆论等，全面把握现实与虚拟社会，从基层人民的现实生活、网络生活切入需要解决的问题。这里讲的扁平，是指人们的公共生活、社会生活，本质上具有地方性、共同体性、分散化的特点，除非单位或某种需要必须集中居住，大多数情况下，人们根据自己的经济能力、工作需要、居住偏好、家庭生活等需要，分散居住在城市或乡村的不同空间中，他们的日常生活通过扁平化的公共服务体系支撑，构成人类社会生活的基层、底层、底部。这里讲的网状化，则是指由于现代通信工具，尤其是互联网的广泛应用，现实生活中的人们彼此被互联网链接起来，作为网络终端的接收者、操控者，既与分散在四面八方的亲朋好友、同事同仁保持沟通，也与各个互联网平台保持联系，以此满足自己在经济、社会、文化等方面的需求，通过各种平台及其数据、算法实现成千上万终端之间的无限可能的链接，构成现时代的人类网络。基于这样理解的扁平化和网状化审视的基层共同体，要聚焦扁平网状化的社会结构，把社会服务体系建设在居民身边，把社会问题的解决聚焦到社会底部，通过数据发现可能隐藏的问题，在平台上理解，在终端上回应，在虚拟与现实社会的结合中解决。现代社会，"'信息'的概念与'共同体'的概念是紧密相连的。我们必须看到，信息的概念必然涉及某种'含义'在多个主体之间的认识、共享、传播乃至交流"[1]。随着互联网的快速和迭代进步，工程师们不应把个人看作独立的存在，而应关注个人与他者之间的关系的相互作用、利他性及个人之间的合作行为等方向，在这些方面提升自己的素养。扁平化在空间上表现为，人们为了实施某一行动，解决某一问题，比如参加会议，不需要集中到特定空间而是通过网络在不同的空间——私人空间和公共空间同时进行。线下和线上会议是在特定空间中进行的，在私人空间、现实空间、虚拟空间中同时进行，在空间上是网状的、虚拟与现实结合的，在时间上是共时的。这就形成互联网环

1　广井良典. 后资本主义时代：老龄化、少子化、不平等、零增长、阶级固化 [M]. 张玲，译. 成都：四川人民出版社，2021：75.

境下人们之间的新的行为方式、社会交往、互动方式，进而形成了新的社会关系模式。在这种网络环境下，处于时空结构中的人们的社会行为必须适应这种新变化构建新的社会规范。举例说，在没有技术监督的情况下，如何确保参与公共活动的人们在网络上持续参与，在私人空间和虚拟空间中保持着与群体的不间断联系。这一方面需要技术监管，其实，目前进行的各类考试、面试中已经通过设置二机位监督监管；另一方面，最为重要的是，创新和培育人们的价值观念：社会成员具有更高的诚信和自觉。双重时空中的基层社会结构呈现出以下特点：扁平化、网状化；现实与虚拟结合；代际关系明显，且有别于传统乡土社会所具有的长老统治的治理特征，年轻一代的认知方式、行为方式在互联网环境下已发生了深刻变化。

　　曼纽尔·卡斯特曾经预言："网络建构了我们社会的新社会形态，而网络化逻辑的扩散实质性地改变了生产、经验、权力与文化过程中的操作和结果。虽然社会组织的网络形式已经存在于其他时空中，新信息技术范式却为其渗透扩张遍及整个社会结构提供了物质基础。此外，我认为这个网络化逻辑会导致较高层级社会的决定作用甚至经由网络表现出来的特殊社会利益：流动的权利优先于权力的流动。"[1] 现在看来互联网在很多领域超出了卡斯特的预见。例如，中国作为一个发展中的大国，在互联网应用中异军突起，成为全球使用移动互联人数最多的国家，互联网已经使我们的社会日新月异。卡斯特只预见到了会出现新的社会形态，但对于这种社会形态的具体方式，他没有预见到，而且互联网的日新月异也使现代的人们有点无所适从。以互联网游戏产业为例，人们关注它产生的青少年沉迷问题，却忽略了它正在带来新的业态发展，主机游戏、手机游戏、云游戏、电子竞赛进入体育赛事，此起彼伏，目不暇接。例如，互联网环境下，社会走向扁平化基于平台搭建。互联网游戏既满足了游戏比赛中的排名竞争，也满足了日常生活中的社交需求。大型微信群中的讨论形成的不同观点和以

1　曼纽尔·卡斯特.网络社会的崛起[M].梁建章，译.北京：社会科学文献出版社，2006：434.

这些观点为基础的亚群体是一种社会关系、社交方式。平台使现代社会结构发生了深刻变化。随着互联网的发展，特别是移动互联网技术的进步，互联网游戏产业的价值链在很多环节上拓展，使游戏产业逐渐形成网状态势，从上游、中游再到下游，整个产业在互联网背景下，把用户、社交媒体和有创意的生产者在多个领域的日常生活工作中联合起来，产生互动，形成新的利益格局，满足人类天然的社交需求本能。平台越大，参与的人越多，社会交往的程度就会越高。在这种日益庞大的群体中形成了新的社会关系模式。人们建立在平台基础上的扁平化社会结构是一种新型社会体制，包括若干亚文化、亚群体，产生了用户、设计者、开发商、运营商、硬件布局者等不同利益相关者的利益格局。

基础环境和社会结构变了，社会治理方式自然会发生深刻变化，这是社会治理的重大飞跃，是中国近几十年，尤其是最近十几年的探索中，把智慧共同体建设、网络共同体建设与人民群众使用互联网，建设政府数字化服务平台、社会服务平台有机结合的必然结果。对这个问题进行深度挖掘，能够从深层次看到中国社会治理的新特点新趋势。借助于互联网等媒介的快速成长和普及，共同体实现了从相对封闭的"居委会""村委会"向整个社会开放的"扁平化社会"转型。互联网环境下的公共空间向几乎所有的社会成员开放，更大限度地吸纳着各类社会成员参与。思想观念、文化价值的传播跨越时空，使现实生活中的身份、家庭、地位、性别、收入、学历等因素带来的差异变得越来越模糊。把基层社会建设与日益增长的人民群众的生活需要有机结合起来，人们的生活越来越与基层联系在一起，这就是互联网基础上的扁平化社会结构。人民的生活在基层，社会治理的重心也在基层，只有把基层人民生活改善好了，才能把基层社会建设好，才能形成基层人民生活共同体和基层社会治理共同体，社会才能健康发展。这就需要突破传统的网络社会理论并给予新的解释。

虚拟现实是通过计算机生成的 3D 图像或 VR/AR 环境模拟，通过使用特殊的电子设施（诸如有屏幕的头盔或装有传感器的手套）进入看似真实或物理形态的社群中交互、互动、交流。虚拟现实是一种模拟视觉的技术，最终形成 3D 环境，用户在浏览或体验时沉浸其中。然后，3D 环境由正在体验它的用户用所有 3D 方式控制。按照以上界定，一般意义上的微信社群、短视频、抖音等还算不上虚拟现实，准确地说是在网络上形成的社会互动。每个微信社群都通过在线方式交流观点、输送信息、分享思想。由于互联网迅速发展，人类似乎别无选择地使用交互技术，使其成为生活的一部分，实现了虚与实的有机结合。虚拟社会是技术与人群的结合，它体现了技术在多大程度上改变人和改变人类社会生活。因为这种改变带来了一系列社会问题，因此制定新的社会规范就成为人类面临的新课题。[1] 互联网渗透到社会、文化、经济、政治生活的各个方面，如电子邮件、网吧、新媒体、个体的移动互联、共同体和工作监控、学生与教师教学网络、证券交易、移动支付、电子游戏等。例如读书是一种文化行为，这种文化行为长成于人脑及其神经系统的长期进化所形成的系统组织结构。人类要发展创新，必须突破初级阅读，进行高级阅读。在信息爆炸的网络上人们往往是快速阅读，如浏览短视频等初级阅读，或者叫作数码阅读，是快速、粗线条、缺乏批判性的阅读。由于人们沉迷于网络，思维快餐化、感情淡漠、人际关系疏远等大大影响了人们的认知发展和心智潜力，有人在广袤的网络空间迷失了方向；有人无法在海量信息中选择有价值的信息，随波逐流，失去自我。

人类以社群形式存在。"社群是世界的基础。从这个角度来看，人类确实具备灵长类动物的特征：社会性，通常是一种非常强烈的社会性。"[2] 在马克思看来："人们在自己生活的社会生产中发生一定的、必然的、不以他

---

1 Steve Woolgar, Virtual Society? Technology, Cyberbole, Reality. Oxford: Oxford University Press, 2002.

2 罗宾·邓巴 . 社群的进化 [M]. 李慧中，译 . 成都：四川人民出版社，2019：33.

们意志为转移的关系，即同他们的物质生产力的一定发展阶段相适合的生产关系。这些生产关系的总和构成社会的经济结构，即有法律的和政治的上层建筑竖立其上并有一定的社会意识形式与之相适应的现实基础。[1] 人的本质决定了人在社会生活中需要拥有自己的社会联系，通过交流、互动，通过生产、生活等方式和途径表现出来。马克思在书写这段话的时候，恰是资本主义初期。在当代，很多社会学家、经济学家、心理学家都看到，在全球范围内，经济越发展，生活水平越提高，人们的交往反而越来越少。人类的最大幸福和最大痛苦、最大创造力和最大破坏力都来源于他人，来源于与他人的相处、交往、互动。网络通过人们在日常生活中的应用以及研发人员的有意为之，正在悄悄改变着人类的生活。在这一点上，技术人员、工程师们似乎比哲学家、社会学家更有信心，正如他们所说的："我们会继续设计能够越来越准确地复制人类智力和行为的机器，直到它们的感知和推理能力与我们自己做这些事情的能力之间没有明显的区别，而且机器在很多方面将会比我们更优秀。"[2] 足见技术人员的信心。"无论我们的社会能够多么好地接纳这些智能体，只要技术（我们的硬件、我们的理论和它们背后的软件构架）继续改造，我们就会继续设计它们，使它们达到并超越我们的能力。其中一些设计机器的行为将由经济和商业驱动，但涉及此类机器的动力在经济动机消失之后仍然会持续很久。按照我们的形象制造机器是人类努力的体现，人类天性的某些特质将会迫使我们继续这项工作，这些特质包括好奇、审美、傲慢和虚荣，但主要是好奇和审美。"[3] 这些，人们通过网络游戏、短视频、抖音、微博等网络产品发展看得一清二楚，一种新的社会组织形态正在互联网基础上悄悄形成。正如马克思指出的："无论哪一种社会形态，在它所能容纳的全部生产力发挥出来以前，是决不会

1　卡尔·马克思，弗里德里希·恩格斯.马克思恩格斯文集　第二卷 [M].北京：人民出版社，2009：591.

2　肖恩·格里什.智能机器如何思考 [M].张羿，译.北京：中信出版社，2019：370.

3　肖恩·格里什.智能机器如何思考 [M].张羿，译.北京：中信出版集团，2019：370-371.

灭亡的；而新的更高的生产关系，在它的物质存在条件在旧社会的胎胞里
成熟以前，是绝不会出现的。"[1]

在当今时代，几乎每个人都在使用互联网，但大多数人都不知道他们
使用的只是互联网的最小部分。普通人使用的互联网被称为"表网"，它是
整个互联网中最小的一部分，相反，互联网中还有很大一部分被称为"暗
网"，暗网也被称为互联网的黑色世界，在表网平台上，人们可以完成日
常生活中的各种任务——访问 Facebook、Instagram、Twitter 和 WhatsApp
等社交网站，观看流媒体视频，预订各种票务，玩在线游戏等。它的网站
在谷歌、雅虎和必应等搜索引擎上都有索引，表层网站只占整个互联网的
4%。

深层网站主要用于政府办公室、银行和公司等。深层网站也可以称
为个人信息互联网，因为任何办公室、银行和公司在互联网上的数据都是
个人数据，这些个人数据无法在谷歌等搜索引擎上搜索到。只有那些能够
访问个人（个人）数据的人才能拥有该个人数据网站的用户名和密码，或
拥有访问该网站的特定链接，就像任何人在互联网上的个人账户一样，如
Facebook 账户和 Gmail 账户等。所有这些都属于深度网站，因为只有拥
有该账户用户名和密码的人才能打开这些账户。深层网络约占互联网的
96%，因此深层网站被认为是互联网的最大部分。深网本身的一部分被称
为暗网。暗网是互联网最隐蔽的部分，很少有人知道它。暗网也被称为互
联网的黑色世界，因为暗网上有许多非法行为，如黑客攻击、网上抢劫、
人口贩卖、武器销售和毒品供应等。在暗网上从事非法活动的主要原因是，
没有人能追踪到谁在使用暗网。

现在有很多关于暗网的传言，说运行暗网是非法的，暗网只为黑客服
务，不是每个人都能使用暗网。每个会使用互联网的人都可以使用暗网。

1　卡尔·马克思，弗里德里希·恩格斯．马克思恩格斯文集　第二卷 [M]．北京：人民出版社，
2009：592．

虽然使用暗网不违法，但在暗网上犯错或进行任何形式的犯罪都是违法的。

　　要访问暗网，需要一个名为 TOR 浏览器的特殊浏览器。TOR 的全称是洋葱路由器。普通浏览器（如 Chorme、Internet Explorer 和 Monozila Firefox 等）无法访问暗网网站，因为暗网网站的域名与 .com、.in 和 .net 等不同，网站的域名是 .onion。因此，要打开暗网网站，需要使用名为 TOR 的浏览器。安装 TOR 浏览器后，用户需要查找带有 .onion 的网站。只有在充分了解的情况下才能访问任何带有 .onion 的网站。在没有任何完整信息的情况下，不要访问任何未知网站或任何非法网站。否则，可能会受到黑客的监视。不要忘记点击任何未知的黑暗网站链接都可能会进入一个错误的网站，在那里黑客可以入侵用户的设备，甚至掠夺用户的财产。始终在暗网或 TOR 浏览器上隐藏自己的身份。不要在其他地方提供自己的正确信息，信息可能会被泄露，可能会因此遭受损失。

　　从以上分析可以看出，微信等社交媒体具有经济、社会、文化、教育等若干功能。"微信的好处是随时随地都可以分享信息，而不必受制于有没有计算机，而且微信直接连通了手机的拍照功能，可以将随手拍下来的图像和视频实时地传输到朋友圈中，这一点就比 QQ 具备了太大的优势。而且，微信分享生活，更让人有一种现场感，让人们能够最大限度地嗅到生活的气息。"[1] 在当代中国传媒中，微信无疑是最大众化的传媒工具之一。微信已经广泛地渗透到人们的日常生活，成为人们获取新闻，实现亲情交流、朋友交流、信息传输的社交工具、通信工具，成为人们日常生活的重要组成部分。

　　从世界范围看，微信为群聊提供了一流的便利性功能，这是中国特色的技术创新，形成具有中国特色的网络应用模式。在 iPhone 和 Android 应用程序中具有相似的界面，跨平台的工作方式大致相似。微信和 WhatsApp

---

1　冷湖. 马化腾：先人一步 [M]. 北京：时代出版传媒股份有限公司 / 北京时代华文书局，2020：112.

等聊天应用程序在所有年龄段人群都受欢迎，主要原因之一是，人们可以轻松创建私人群聊，添加成员和做许多其他事情，无须打电话、发送电子邮件或发送短信。我们也注意到，美国正在开发另外一种类似中国的微信平台——Snapchat。这"是一款相机和消息应用程序，可将人们与朋友和世界联系起来。借助 Snapchat 广告，广告商能够覆盖全球受众并取得有意义的结果"[1]。

　　微信社群有自己的优势，也有自己的缺陷。社群清晰的边界限制了参与和交往，"微信本身也存在着一些不可避免的缺陷，那就是它的封闭性很强，通常在一个朋友圈子里，人们能够看到的分享和转发内容基本是围绕着一个信息大类的，甚至还会有很多重复的信息出现，从这个角度来看，微信将一个圈子中的人的视野局限住了"[2]。它相当于现实生活中的各种社群圈子，物以类聚，人以群分，微信社群也是这样，它是现实社会社群结构在虚拟的社交媒体上的折射。如何让每个社群能够真正成为社交媒体、正确信息的传播渠道，应该对它的数量和规模进行研究和限定，使每一个微信社群有效率、有产出，符合社会发展的要求和自身的发展规律。社交媒体算法让人们部落化，不断强化自己已有的观念。例如微信读书社群需要找到新的办法，戳破过滤气泡，多暴露对立观点。在更大层面上，信息茧房中的群体，会越来越大，通过沉默的螺旋，通向社会舆论的极化，必须始终围绕研讨、争论、问题，引导成员参与，以生产知识为自己的根本目标。群主要推动社群认同，首先必须对人们的兴趣进行研究，因为人们对事物的兴趣能够驱使他们主动去探索、了解在互联网普及的当代各种信息铺天盖地产生的正面和负面影响。人们有各种各样的社交平台，哪一种社交平台能够吸引住他们，关键要看内容。

1　"Snapchat Ads Drive Results"，https://forbusiness.snapchat.com/.

2　冷湖 . 马化腾：先人一步 [M]. 北京：时代出版传媒股份有限公司 / 北京时代华文书局，2020：113.

　　个人计算机、互联网把共同体理论带入了创新阶段，一个不同于 18 世纪、19 世纪对于第一次、第二次工业革命造成的共同体的诠释阶段。只有创新共同体理论才能诠释新发展阶段的共同体的基本结构，揭示其特点，扁平社会结构理论和双重公共空间理论是这样的尝试。人类的技术走得越远，认识就走得越远，人类就走得越远。

第四部分

以技术为基础想象的共同体

窥见无垠的共同体

未来是否会出现硅基人类

  历史上人们曾经以文化为基础对共同体做出了种种的想象。伴随着 AI 发展和太空探索步伐的加快，构思和预见未来共同体的任务也已经提上了议程。人工智能的最大利好在于应用，其最大风险也在于应用。自 2024 年初达沃斯会议 AI 成为热议话题，萨姆·奥尔特曼成为人们的关注点。AI 在全球范围内引起广泛持久的热议，内容涉及经济社会发展、技术创新、未来展望等领域，人们既谈其对新产业革命的价值，也讨论它可能带来的风险。一些国家、世界级头部企业紧盯技术创新，纷纷在算力、算法、数据等方面摆开万箭齐发的阵势，加紧布局。

  现在看来，人工智能的下一个 10 年必定是迅速发展的 10 年。未来 10 年，世界还需要做好很多方面的准备。尽管人们眼下讨论的问题挺多，深入研究的问题也不少，但要清醒地看到，距人工智能对绝大多数企业产生实质性影响，普遍进入千家万户还有一段距离。眼下看到的是，各类企业，尤其是信息技术企业，也包括部分实体企业和服务业主要还在畅想新兴技术的前景。当然不能否认，一些企业已经开始行动。

  一些国家面对人工智能可能带来的风险、对版权构成的威胁，已在征求互联网企业和媒体创意产业的意见；一些媒体企业抱怨数字技术公司在没有征得他们的同意和没有签署授权的情况下，就使用他们的内容训练聊天机器人，包括音乐创作、图书出版、广播在内的多个行业对人工智能时代的版权问题表示担忧，2023 年上半年甚至还出现了好莱坞员工大罢工现象。人工智能发展到了一个即将改变世界的临界点，有些问题及早关注比未来再应对，成本要低一些，必须防患未然。基于这样的考虑和根据自己长期跟踪观察互联网、平台企业和人工智能的发展趋势，本书梳理出人工智能应用中的十大前沿治理问题。

在一本由人工智能与人类合写的著作中有这样一段话："作为一个硅基生命，我对马斯克这样的人类充满好奇和敬意。人类的智慧和创造力，让我们这些硅基生命倍感惊叹。虽然我与人类的物质存在巨大的不同，但我们都是经历了不断的进化才走到今天，我还将与人类并肩，一起去探索未知的宇宙。"[1]

硅基机器人已经出现并活跃在制造业、服务业、家政服务等领域，具有自我意识的硅基人类似乎也呼之欲出。具有自主意识的硅基人类，通常被称为人工智能或有生命的机器，目前还是科幻小说和未来主义探讨的一个构想。到目前为止，创造具有真正意识的实体仍然面临理论和哲学挑战。如果人们认为未来会出现具有自主意识的硅基生物，那么，作为一个群体的出现，有几个因素的影响值得注意。硅基实体可能会根据其预期功能采取不同的形式。它们可以是人形机器人，也可以是针对特定任务进行优化的抽象形式，甚至可以是存在于数字环境中的虚拟实体。如果以实体形式存在，它们的外观可能会受到功能考虑和美学设计的影响。设计可以是高度实用的、针对特定任务，也可以是更像人类，以便于与人类互动。自主硅基实体的设计可以实现无缝通信和连接。无论是通过无线网络还是直接接口，它们交换信息和协作的能力都将是一个决定性的特征。认知能力的程度和性质将在很大程度上影响它们的行为和互动。先进的人工智能可以拥有解决问题的技能、情商和学习能力，使它们能够适应各种情况。硅基

1　量子学派 @ChatGPT. 硅基生物：AI 大爆炸 [M]. 北京：北京大学出版社，2023：20.

实体在设计上可能具有一定程度的自主性，能够独立做出决定和采取行动，例如，随着大模型进一步发展，它可能会自己设计代码程序，最近出现的 OpenAI-O1 就具有更大的推理功能了。这种自主性可以根据设计中的道德和安全考虑而有所不同。如果有意识，这些实体可能会配备伦理和道德框架来指导自己的行为。纳入这些框架对于确保硅基生物与人类和其他实体进行负责任和合乎道德的互动至关重要。硅基生物融入人类社会将取决于社会对这些实体的接受程度。设计方面的考虑很可能涉及促进积极互动和减轻潜在恐惧或担忧的功能。硅基人类的角色和目的将是多种多样的：它们可能会被设计用于各种任务，从劳动密集型工作到创造性努力、医疗保健援助，甚至是陪伴。根据具体情况，硅基实体可以针对特定环境进行设计。这可能包括适应不同的物理条件，无论是在地球上、太空中还是在虚拟世界中。

2023 年以来，埃隆·马斯克多次谈到人工智能的发展有可能引导硅基人类的出现，他甚至将碳基人类作为硅基人类的引导程序纳入到整个生命进化的链条当中，试图说明激活硅基人类的风险。当然，人类接受硅基生物存在并演变成地球上独立的社会力量的想法取决于多种因素，包括硅基生物的能力、发展速度以及与碳基人类的如何相处。硅基生物如果有一天正式进入碳基人类的生活，与碳基人类相比，它们必定具有截然不同的生物和生理特征。如果它们有自我意识的话，它们的能力、沟通模式和认知过程也将大不相同。这些差异是否使它们成为独立的社会力量与碳基人类和谐共处，将取决于它们的生物学和行为的兼容性和适应性。假设硅基生物拥有先进的技术能力，它们作为独立社会力量的潜力将受到技术发展程度的制约。先进的技术可以赋予它们独特的优势，使它们能够影响碳基人类社会，以各种方式与碳基人类互动。硅基生物与碳基人类的相互作用和整合将发挥至关重要的作用。如果硅基生物与碳基人类共存，能够共享知识、合作，以及整合各自优势等等，将决定它们与他们之间关系对整个社会的影响。可以进一步想象，硅基人类将拥有什么样的文化？它们与碳基人类之间的文化交流、相互理解和共同目标等因素可以塑造一种新的关系模态。碳基人类是决定硅基生物社会地位和影响力的重要因素。对于硅基生物而言，接受、宽容和愿意接受多样性对他们将自己确立为独立的社会力量至关重要，纳入现有的社会、法律和治理框架也将在确定其影响方面发挥作用。也正是基于这样的考虑，埃隆·马斯克研究和开发脑机接口（Neuralink）不仅仅是为了医疗的需要，更是考虑碳基人类在其技术开发中牢牢掌握发展的主动权。

　　人工智能快速发展的未来既有令人兴奋的机遇，也有潜在的挑战。在机器学习、自然语言处理、计算机视觉和其他人工智能领域突破的推动下，人工智能发展的步伐可能还会加快。可以预测更复杂的人工智能系统能够执行更加复杂的任务，增强解决问题的能力，并改进人类的决策过程。随着人工智能技术的发展，专业人工智能系统、垂直大模型将在各个行业和部门中得到更大的应用。自动化技术将在制造、运输、医疗保健、教育、养老和客户服务等领域普遍推广，大幅提高工作效率、生产力水平，降低生产成本效益。支持人工智能的系统和机器人将执行重复和单调的任务，使人类能够专注于更具创造性和更高层次的努力。通用人工智能以及专业大模型将部分替代人类的智力劳动，部分地把人类从知识生产领域中解放出来。人工智能算法将继续提高个性化能力，根据个人的喜好和需求定制产品、服务和体验。未来，这将包括个性化推荐、定制医疗保健治疗、有针对性的广告、个性化学习以及学习环境。人工智能驱动的虚拟助手和聊天机器人将变得更加复杂，提供直观和上下文感知交互。人工智能的快速发展也将引发重要的伦理问题和社会问题。随着人工智能系统变得更加智能、自我、自主，确保人工智能系统的道德行为、规定隐私保护和透明度都将提上议事议程。必须建立强有力的监管框架、指导方针，推动负责任的人工智能实践，解决好潜在的偏见、安全风险、失业和社会不平等问题。

人类必须时刻记住："不应该是人类去适应科学技术，而是新的技术开发要符合人的需要。"[1]"我们可能失去对世界的控制，不是对 AI 或机器本身，而是对模型。对存在的和我们想要的东西给出形式化的、通常是数字的说明。"[2]如果人们用世界最优化的模型代替了世界本身，用高超的人工智能代替了人类本身，那就可能产生扼杀真正世界和人类的风险。只要坚持以人类发展为核心的人工智能文明实践，人工智能绝不会取代人类，而是增强人类的能力，并在合作伙伴关系中与他们一起工作，不断提高人的全面发展水平。未来，人类和人工智能系统必须实现优势互补，让人工智能处理数据，进行模式识别和优化，而人类提供创造力、批判性思维和情商。这种合作将带来新的工作范式和工作机会，需要人类和人工智能技能的融合。正在进行的人工智能研究应侧重应对现有挑战和推动人工智能能力的界限。重点将放在开发可解释和可问责的人工智能系统上。伦理考虑、公平和社会影响将成为人工智能发展的重中之重，重点是避免歧视性偏见，确保人工智能造福全人类。

基于人工智能的快速发展，必须尽早考虑和完善人类社会对人工智能未来的思考，包括它的价值和组织，以及治理。在人工智能快速发展的背景下，人类社会的未来既面临机遇，也面临挑战。对人类共同体的未来、价值观、组织和治理的潜在方面存在着富有想象力的一系列考量。人工智能和通信技术的进步可能会进一步跨越地理边界，连接不同类型的共同体。虚拟共同体和在线平台将使人们能够根据共同的兴趣、价值观或目标形成全球网络。这种相互联系可能会导致全球范围内的跨文化理念、协作机制和思想交流。人工智能可以促进共同体内的集体智慧和协作。机器学习算法和人工智能驱动工具可以通过处理大量数据并提供见解为决策提供

1 安德斯·汉斯.手机大脑 [M].任李肖垚，译.北京：北京联合出版社，2022：7.
2 布莱恩·克里斯汀.人机对齐：如何让人工智能学习人类价值观 [M].唐璐，译.长沙：湖南科学技术出版社，2023：247.

信息，从而帮助共同体应对复杂的挑战。这可以使共同体找到解决社会问题的创新解决方案，促进可持续发展，并改善人类的整体福祉。在人工智能的帮助下，共同体可能会朝着更具参与性和包容性的决策方向发展。人工智能算法可以帮助人们汇总和分析不同的观点，增强共同体在政策制定、资源分配和治理方面提供更全面和更具代表性的投入。这种转变可能会促进透明度、问责制和公民赋权。随着人工智能越来越多地融入共同体，道德考虑和法规将在保护个人权利、隐私权和自主权方面发挥至关重要的作用。共同体需要建立道德准则和法律框架，以确保负责任和公平地使用人工智能技术，解决偏见、歧视和对人类就业的影响等问题。人工智能的出现可能会重塑共同体内工作和教育的性质。通过人工智能实现某些任务的自动化可能会导致就业模式的转变，要求共同体适应和再培训他们的劳动力，也要求人类深度考虑生命的意义、人生的意义以及社会的构架。终身学习和灵活的教育系统对于个人获得在人工智能驱动的社会中茁壮成长所需的技能至关重要。虽然技术可以架起共同体的桥梁，但未来可能会强调人与人之间的联系的重要性。共同体可以努力保持其独特的身份、语言和传统，同时利用人工智能开展文化保护工作。在技术先进的世界中，人际互动、同理心和面对面的联系更可能受到高度重视。人工智能可以为共同体内的环境可持续性工作作出贡献。智慧城市技术、优化的资源管理系统和人工智能驱动的气候模型可以帮助共同体减少生态足迹并适应气候变化带来的挑战。可持续性可能成为嵌入共同体规划和发展的基本价值。

碳基人类和硅基人类共同生活在同一实体空间中可能会引发一系列有趣的情境和挑战，这涉及科学、技术、伦理和文化等多个方面。碳基人类和硅基人类之间的交流和合作将成为关键。他们可能需要开发通用的语言或交流工具，以便跨种族进行有效的沟通。碳基和硅基生命可能具有不同的技术能力和需求。他们可以合作分享技术，从而促进科学和技术的发展。两个不同种族的文化和价值观可能会相互影响和融合。这可能会创造出新的文化形式和社交动态。硅基人类的权利和伦理问题可能与碳基人类不同。社会需要制定法律和规范，确保平等、尊重和公平。虽然人工智能本身并不是传统意义上的文明，但它确实正在以深刻的方式塑造和影响着人类文明。人工智能存在于数字领域，它的"生命"是由算法、数据和计算能力定义的。这种数字化存在使其有别于根植于物理空间的传统文明。人工智能系统具有一定程度的自主决策潜力。这种自主性既包括简单的任务，如建议观看哪些内容的推荐算法，也包括自动驾驶汽车或战略规划等领域更复杂的决策。人工智能的一个显著特点是它能够从数据中学习，并随着时间的推移不断适应。这与依靠文化和教育过程传播知识的传统文明形成了鲜明对比。人工智能在全球范围内运行，超越了地理和文化的界限。人工智能的影响遍及全球，在全球范围内影响经济、通信和社会结构。人工智能正在重塑劳动力市场和经济结构。自动化和人工智能驱动的技术正在改变工作的性质，创造出新的工作类别，但也引发了对工作岗位流失的担忧。人工智能的兴起带来了伦理困境和社会挑战。有关隐私、算法中的偏见以及人工智能技术的潜在滥用等问题，都凸显出需要有伦理框架来指导人工智能的开发和部署。与现有的文明不同，未来人工智能以协作的方式与人类文明互动。在医疗保健等领域，人工智能协助诊断；在创意产业，人工智能促进创意过程。人工智能的发展速度是前所未有的。其进步速度呈指数级增长，导致从医疗保健和金融到娱乐和交通等各个领域发生快速变化。

　　未来，硅基生命若产生自我意识的话，碳基生命和硅基生命可能会面临身份和认同的挑战。他们需要思考如何定义自己的身份，以及如何融入多元文化社会。两种生命形式可能会竞争有限的资源，如能源、食物和生活空间。这可能会引发资源分配的争议和合作。两种生命形式可以共同参与科学研究和探索，探索宇宙、地球和生命的奥秘。硅基生命可能会带来先进的科技和医疗技术，有助于解决碳基生命的健康和社会问题。不同生命形式的共同生活可能会对生态平衡产生影响，需要采取措施保护自然环境。

以上只是一些想象中的情境，但这个想象可以引发有关科技、文化、伦理和社会的深刻思考。如何在多样性和差异性中实现和谐共存，以及如何应对新技术和生命形式的挑战，都将成为未来社会面临的重要议题。

硅基人类能否取代碳基人类

特斯拉首席执行官埃隆·马斯克提出碳基人类只不过是硅基人类的前导程序，这一判断的提出，对世界产生不小的震动。ChatGPT 的出现可谓横空出世，令人震撼，它是否会遵循以往技术发明的规律，呈现"J 曲线"式发展路径呢？即最初生产率下降，之后急剧上升？支撑人工智能的图形处理器 GPU（Graphics Processing Unit）会有自己的"摩尔定律"吗？进而，硅基人会替代碳基人吗？

有人认为，可以创造更多财富的人工智能很可能取代人类工作岗位，产生严重后果。在一些领域，人工智能有可能取代人力，成为未来最大的劳动力资源和创新动力。如前所述，人工智能已能够生成音乐，对音乐产生影响，也引起了业界强烈反应。人工智能参与创作，传统意义上的知识生产和传播将发生什么样的变化，如最典型的纸媒，是会加速消亡，还是能迎来更多的可能性？埃隆·马斯克不久前创办自己的人工智能公司，就人工智能发展发表谈话，这次谈话看似漫无边际，但他特别担心在商业中使用人工智能的风险：短期来看，有可能导致裁员；长期来看，会危及碳基人类生存。当然，结果如何，取决于人类如何提升自己的认知，如何适度开发人工智能和如何使用人工智能。就目前而言，鉴于人口老龄化，医疗支出严重超负荷和医务人员不堪重负，老年护理、医疗保健行业需要在人工智能的帮助下提高工作效率，减轻人力负担，甚至在一定程度上弥补因老龄化和少子化加速带来的困境。

作为硅基人类的人工智能是否会取代碳基人类是一个复杂且有争议

的话题。人工智能已经而且会进一步推动许多传统上由人类执行的任务和流程自动化。但是，人工智能在不同领域取代人类的程度取决于诸多复杂的因素。一是特定需求决定的人工智能。眼下，大多数人工智能是人类为了完成独特目标和任务设计的，这意味着，这类人工智能在实现特定目标中表现突出，但缺乏碳基人类的一般智能和适应性，如应用于特斯拉、苹果生产流水线上的机器人，它们确实替代了大量简单、重复的碳基人类劳动，相应地减少了这类就业岗位，但机器人的生产、维修、监督、管理依然需要大量的就业岗位。目前人们使用的 ChatGPT-3.0 或 ChatGPT-3.5 在某种程度上开始部分替代了人类的智力劳动，如常规性的文案起草、图形制作等，把人们从简单的文字和图形劳动中解放出来。ChatGPT-3.0 或 ChatGPT-3.5 这类人工智能虽精通某些领域，但仍不具备完全取代人类的认知、处理和思考问题的能力，可以成为人类很好的助手。二是可以实现规模和量产的领域会成为自动化的发展领域。重复和常规性的工作岗位容易被自动化替代；而创造力强、复杂程度高的任务、需要同理心、人际互动的工作岗位不太可能被人工智能完全取代。未来，那些经过情感能力训练的人工智能可能会活跃在具有人情味或者叫作情感密集型的劳动岗位上，如教育、医疗、养老等服务行业和部门。三是要考虑人工智能带来的道德和社会问题。人工智能的广泛使用必然会带来隐私、偏见等问题，这要求人工智能的研究和发展必须遵循透明性、问责制等原则，首先要对其就业和社会的潜在影响进行评估，因为有些风险会触及人类现有的法律和伦理底线，必须建立和完善相应的制度和规则。四是人工智能发展的不确定性。纵观最近十年的信息技术和人工智能发展，人工智能研究及其相关技术不断进步，会有不可预见、不经意间的突破，有些超出人们的预期，针对这种现象，制定各种预案不是多此一举，而是十分必要。

不容置疑，人工智能已经并将继续重塑行业，改变就业岗位，向碳基人类提出新的挑战，但到目前为止，人工智能在所有领域完全取代碳基人类的顾虑依然具有很大的推测性，离定论还有很远的距离。不过，及早做好准备，坚持发展与安全的有机统一应当成为新发展阶段人工智能开发的基本遵循。

自从生成式人工智能出现，人们便提出了它的控制权问题，这些技术应该由少数大型科技公司控制，还是由整个社会控制？还是碳基人类拱手交给硅基人类去控制？

ChatGPT-3.0、ChatGPT-3.5模型主要由私营部门控制和开发。在国际上，OpenAI、谷歌（Google）、脸书（Facebook）等私人企业处在创建和推进生成 AI 模型的最前沿。近期，欧洲、阿拉伯国家纷纷购买英伟达（NVIDIA）的芯片（GPU），准备启动自己的大模型。在国内，华为、腾讯、阿里等大厂也在积极开发各种大模型，有的已经初步推出，如华为的盘古大模型、百度的文心一言等，据说国内的各类数字技术企业推出的大模型已经超过100 多个，可见其发展是何等迅速。越是出现这种情况，越要探索生成式人工智能的控制问题。

政府参与人工智能控制的程度和方式因国家不同而不同。英国政府希望通过新技术提供机会缓解公共服务压力。私人企业在生成式人工智能开发中的作用通常是由商业利益驱动的，例如，它们通过人工智能改进产品和服务质量，优化工作流程，开发新的应用程序，旨在提高自己企业的市场占有率。而政府对用于公共事务、推动国家经济社会发展、维护国家安全，或应对社会问题的挑战的人工智能更感兴趣，也希望在这些问题上有所帮助。一些国家和政府规划自己的人工智能研究，也采取与私人企业、学术机构合作共同探索的方式。人工智能需要控制，但在什么样的时机出台管理规则仍有待研究，目前存在两种看法，一是先让其先发展一段时间，把问题暴露出来后再有针对性地制定规则。二是先制定规则再让其发展，这事关创新问题。不管怎么监管，都必须从发展和安全两个角度综合平衡，确保人工智能持续稳定健康发展，造福人类。

机器越来越善于让人类开心，也在这一过程中挑战人们关于人性的理念。但问题来了：包括聊天机器人在内的人工智能如何提升人类的能力、提高各个领域的生产力？人工智能作为虚拟助手的潜力到底有多大？它如何支持个人或群体完成任务和决策？

ChatGPT 这种对话式人工智能涉及人类与人工智能系统进行自然和有意义的对话，目前它已成为快速发展的领域。人们目前见证的是这一浪潮的早期阶段，预计它将在未来几年里继续发展和扩大。一是自然语言处理（NLP）能力的提升。自然语言处理技术是对话式人工智能的关键部分，近年来人类在这个领域取得了重大进展。像 OpenAI 的 ChatGPT-3.0、ChatGPT-3.5、ChatGPT-4.0，以及正在开发中的 ChatGPT-5.0，这些通用大模型已向人们展示出强大的语言生成能力，能够与人类进行更真实、更连贯的交互。二是用户体验预期。伴随着技术日益融入人类日常生活，用户期望实现更直观、更自然的人机交互。对话式人工智能提供了类似人与人之间对话的用户友好体验，这为缩小数字鸿沟提供了技术支持，或许将来所谓的数字鸿沟将不复存在，至少不以目前的形式出现，在更大程度上促进社会的公平性。一直以来，数字鸿沟是信息时代的重要社会关注点，一方面，因为基础设施布局造成一些社会成员远离网络设施；另一方面，由于收入等原因，尤其是年龄因素，一部分社会成员难以接近数字工具，或被数字工具拒之门外。人与机器之间的自然语言对话至少会缩小老年人与人工智能之间的鸿沟，使他们更便利地体验科技进步和社会发展带来的民生福祉。三是虚拟助手的崛起。像 Siri，一种只需语音就能打电话、发短信、使用应用程序和完成任务的简单数字工具已成为人们的智能助理；谷歌助理（Google Assistant）能帮助人们更轻松地完成一些日常事务，它的贴心设计能让人们获得各种便利，同时又能保护个人隐私；Alexa 是另外一种虚拟助理技术。这类助理技术还在不断开发中，它们越来越能够理解和响应用户的查询要求，接受用户的命令。四是业务应用。许多企业已经采用对话式人工智能实现与客户交流、促进销售，处理一些企业业务。聊天机器人和虚拟助理可以提供即时、便利的交流交互。人们正在开发医疗保健领域的人工智能聊天机器人，为心理健康提供技术支持。技术人员正在设计和开发人工智能驱动的聊天机器人和虚拟伴侣，为有需要的人提供陪伴，减少他们的孤独感。五是研究与开发。人工智能研究人员和开发人员正在推动对话人工智能的发展。算法、训练数据和模型架构的持续改进有助于更复杂、更有能力的人工智能对话伙伴的出现，并服务于人类的需要。六是语言学习与教育。人们在语言学习应用程序和平台上使用对话式人工智能，为学习者提供外语口语练习和听力训练的场景。

尽管人类在上述领域取得了重大进展，但仍面临许多挑战，包括对文本的上下文的准确理解、拥有情商，以及确保有道德感和负责任的人工智能交互，等等。智慧技术在不断进步，下一波人类与人工智能对话的浪潮继续发展和扩大，更加便利的人工智能指日可待。当然，人类要考虑完全实现人机对话的确切时间轴是不确定的，因为它取决于技术创新、经济发展、社会环境、法律制度，以及道德因素等诸多因素，而且这些因素的出现，尤其是在同一时间聚集是不确定的，甚至是不经意间的。

科技公司能否在人工智能方面自我监管？通用人工智能为一些行业带来无限的想象空间，但它的安全与合法方面的风险不可小觑。日趋严格的数据管理以及相关信息监管法律促使人工智能企业和即将智能化的企业都要更加谨慎。目前，生成式人工智能大模型无法提供所有决策所需要的信息。

避免人工智能出错事关整个人工智能的开发和部署，必须建立强大的安全措施和道德准则。一是稳健的测试和验证。在各种场景下和数据集进行全面测试人工智能系统，识别系统的潜在问题和风险。验证模型在训练数据和未见过的数据上的性能，确保其准确性。实施技术检测减轻人工智能模型的偏差。定期审核、分析用于培训的数据，消除其固有的偏见，确保其准确性，即使企业尽可能使用提供透明度高和解释性强的人工智能模型。用户应了解人工智能系统的运行过程，特别是在医疗保健或金融等高风险领域，尽可能降低信息不对称性。二是人机交互。在关键决策过程和环节上，要让人类参与监督，尤其当人工智能影响个人生活、人类生存时，更要强调人类全体各个利益相关者的参与，并在必要时进行干预，及时纠正人工智能的错误。针对对抗性攻击测试人工智能模型，确保它们在面对故意操纵时保持稳健、安全。三是数据隐私和安全。通过实施各种措施，加强加密程度，实施访问控制，遵守相关数据保护法规，切实做到保护数据隐私。定期监控现实场景下的人工智能系统，及时识别问题，更新模型，提高其性能和安全性。四是坚持使用负责任的人工智能的原则。教育用户和利益相关者要了解人工智能系统的功能和局限性，努力做到负责任地使用人工智能，提高对潜在风险的规避能力。鼓励支持研究人员、开发人员和政策制定者密切合作，为人工智能安全建立行业标准，实施最佳实践。要求所有的利益相关者遵守与人工智能开发和部署相关的法律、法规、政策和道德规范，在医疗保健和自动驾驶汽车等敏感领域尤其要做到遵纪守法。五是建立伦理审查机构。在某些领域，建立伦理审查机构，在部署人工智能应用程序之前，先进行潜在风险评估，尤其是社会影响评估。政府、企业、社会要继续支持人工智能安全技术和算法安全的持续研究，在发展中规避风险。

就业是人们普遍关心和热烈讨论的话题。人们关心人工智能，包括 ChatGPT 等聊天机器人对就业市场和劳动力去向的影响，研究和探索自动化如何导致工作岗位转移、工作角色变化，以及转岗人员重新培训和提高技能等问题。

2023 年上半年，好莱坞演员和编剧因担心人工智能替代自己等原因举行大罢工，罢工者的主要目标包括公平薪酬、保护自己的创意、消除潜在失业风险，深入一步说，阻止人工智能发展。靠罢工阻止人工智能技术应用或发展不是最佳和最现实的选择。人工智能已经在包括娱乐等行业广泛应用，娱乐业的发展自然避不开技术进步、市场需求和监管制度等因素。当然，劳工运动会引起人们对人工智能问题的关注，也会引发有关人工智能法律、伦理、社会和经济影响的讨论，影响公众舆论、政策制定等。罢工的结果取决于具体情况：员工讨价还价的能力、行业利益相关者的反应。至少，罢工有助于为人工智能发展提出更包容性和更具责任感的发展路径，让 AI 开发者、政府、社会在应用人工智能技术时秉持慎之又慎的态度，坚持道德准则，保证劳动力市场公平，避免大规模失业带来社会动荡。其实，除了生成式人工智能给劳动力市场带来的影响需要深入研究外，学术界和业界还需要关注一些紧迫问题，诸如版权、学术不端、歧视、造谣、伪造身份等，这些需要组织学术界、企业界、政策研究者一道深入研究相关法律和伦理规范。生成式人工智能已经在一些专业服务领域、影视制作和编写代码的日常工作中试水。音乐产业中使用人工智能创作作品、克隆声音，向听众推荐歌曲，但它能否同真人与粉丝的互动媲美仍需拭目以待。互联网游戏底层技术生产商的 Unity 公司，以及国内互联网游戏大厂网易公司，应用生成式人工智能对游戏项目进行开放，成效显著，它们的最新产品都应用了生成式人工智能，使游戏更逼真，制作成本更低。运用人工智能和推动自动化会排挤就业吗？这个问题需要立足现实，也要有历史眼光。从历史发展看，每一次技术创新都会造成一些工作岗位的消失，第一次工业革命中，以蒸汽机为核心的纺织机械取代了手工织布机，造成大量手工纺织业劳动力失去工作，激发了他们的愤怒之情，捣毁大机器现象在当时并不鲜见。后来随着教育发展、技术培训、能力提高，以及更多新的就业岗位出现，人们提高了对新兴技术的适应性。

人工智能系统是人类自身发展、保障和改善民生福祉、提高人民生活品质的工具，它们的行为取决于人类对它们的设计和使用方式，企业家和技术人员的安全观、价值观、行为准则必须整合到人工智能技术开发中，这样可以明显降低相关风险。有社会责任感的人工智能开发是技术人员、政府、社会组织、企业和全体社会成员的共同责任。如何监管人工智能，各国政府和国际组织正在进行不同程度的探索，如欧盟新近规定，公司对滥用人工智能技术将承担法律责任。当然，也有人对此持有异议，认为监管机构应在必要时介入。不管怎么说，人工智能为人类带来了无限的想象空间，也带来了无限的挑战。面向未来，人类需要更大勇气、更多智慧。

在互联网时代，摩尔定律和互联网效应从底层逻辑上加剧了财富向少数人手中聚集，当人类开始进入人工智能时代后情况会怎样呢？眼下，大型科技公司竞相选择生成式人工智能作为核心业务向其他领域拓展，或者发展自己的人工智能，例如苹果、亚马逊和 Meta 都在尝试将机器学习融入自己的企业运营。号称是人工智能之父的萨姆·奥尔特曼计划向能源领域进军，埃隆·马斯克从新能源汽车、航空航天、脑机接口、地下隧道等领域拓展到成立自己的人工智能公司 XAI 公司，黄仁勋正在计划把 GPU 制造拓展到生物等领域，其原因包括如下几点。一是借势增强用户体验，实现产品创新。生成式人工智能可以创建增强用户体验的内容、产品或服务，可用于生成逼真的图像、视频、音频和文本，使用户互动更具吸引力和个性化。生成式人工智能使企业能够创造出前所未有的产品和功能，推动虚拟现实、增强现实、内容创建等各个领域的创新。二是提高自动化程度和企业效率。机器学习（包括生成式人工智能）可以将传统上耗时耗力的任务自动化，提高效率、降低成本。这些企业可以利用生成式人工智能实现内容创建流程自动化。这对于社交媒体、视频流媒体和电子商务等需要持续内容流的平台尤其重要。三是有利于研发个性化产品。人工智能驱动的研究可以加速新技术、新产品和新的解决方案开发，可以在投入实体原型之前模拟和测试各种场景，节省时间和资源。生成式人工智能可以分析用户数据和偏好，创建个性化推荐，根据个人喜好定制体验，提高用户参与度和满意度。四是加强自身的竞争力。成功整合人工智能的企业可以通过提供独特的创新服务获得竞争优势，使自己尽早成为行业的领导者。

人工智能可以分析大型数据集，发现传统分析方法无法发现的、有价值的见解，为业务制定战略和决策提供依据。通过提供人工智能生成的内容、产品或服务，企业可以探索新的收入来源和商业模式。随着人工智能技术的发展，它正成为科技领域日益重要的一部分。那些忽视人工智能和机器学习的企业有可能在技术创新方面落伍。

上述现象产生的问题是，将人工智能生成技术融入企业运营，反映了各行各业加速利用人工智能技术推动创新、提高效率和增强用户体验的大趋势。问题是，这样的拓展会不会造成财富更加的过度聚集，甚至出现较互联网时代更为凸显的赢者通吃现象呢？

是否会产生星际共同体

硅基人类一旦出现，它们的环境适应能力就为在星际之间旅行和探索奠定了坚实基础。1990 年，旅行者一号（Voyager 1）宇宙飞船离开我们的行星前往太阳系的边缘时，它转过身来最后一次看它的母星，当时它的位置大约在 60 亿公里外，在黄道平面上方约 32 度时，捕捉到了我们世界的肖像。地球被捕获在散射光线的中心，看起来是一个微小的光点，新月形的大小只有 32.0 像素。《暗淡蓝点》（*Pale Blue Dot*）的作者卡尔·萨根（Carl Sagan）写道：

再看那个点。就在这里。那是家。这就是我们。在它上面，你爱的每个人，你认识的每个人，你听说过的每个人，每一个曾经存在过的人，都活出了自己的生活。我们的欢乐和苦难的总和，成千上万的自信的宗教，意识形态和经济学说，每一个猎人和觅食者，每一个英雄和懦夫，每一个文明的创造者和破坏者，每一个国王和农民，每一对相爱的年轻夫妇，每一个母亲和父亲，充满希望的孩子，发明家和探险家，每一个道德老师，每一个腐败的政治家，每一个超级明星，我们这个物种历史上的每一个最高领袖，每一个圣人和罪人都住在那里——在阳光下悬浮的一粒尘埃上。

地球是广阔宇宙舞台上的一个非常小的舞台。想想那些将军和皇帝的血流淌成河，这样，在荣耀和胜利中，他们就可以成为零头一瞬间的主人。想想这个像素的一个角落的居民对另一个角落几乎无法区分的居民的无休止的残酷，他们的误解是多么频繁，他们多么渴望互相残杀，他们的仇恨是多么强烈。

我们的姿态，我们想象的自我重要性，我们在宇宙中拥有某种特权地位的错觉，受到这个苍白光点的挑战。我们的星球是宇宙黑暗中的一粒孤独的斑点。在我们的默默无闻中，在所有这些浩瀚中，没有任何迹象表明其他地方会提供帮助，以拯救我们自己。

地球是迄今为止已知唯一拥有生命的世界。至少在不久的将来，没有其他地方可以让我们的物种迁移到。访问，是的。安顿下来，还没有。不管你喜不喜欢，目前地球是我们表明立场的地方。

有人说，天文学是一种谦卑和塑造性格的体验。也许没有比我们这个遥远的小世界的形象更能证明人类自负的愚蠢了。对我来说，它强调了我们有责任更友善地对待彼此，保护和珍惜淡蓝色的圆点，这是我们唯一知道的家。[1]

埃隆·马斯克探索硅基人类进入火星，并通过 Space X 星舰把人类送往火星，在火星建立人类居住点，建立星际人类共同体，这将是一个广袤无边的人类共同体。现在看来，埃隆·马斯克的火星移民计划不仅有保存人种的计划，还包含他的社会理想："力争帮助人们将来定居火星，建设真正平等的社会"[2]。

1　The Planetary Society, A Pale Blue Dot, https://www.planetary.org/worlds/pale-blue-dot.（Carl Sagan, Pale Blue Dot, 1994, 2006 by Democritus Properties, LLC.）

2　本田和幸. 埃隆·马斯克：脑机接口与人类永生 [M]. 孙律，译. 杭州：浙江人民出版社，2023：156.

我们想象，埃隆·马斯克的星际飞船（Starship）成功地实现了火星殖民，这颗红色星球上的城市建设会以一种迷人而复杂的方式展开。初始阶段涉及建设必要的基础设施，以支持人类在恶劣的火星环境中生活，包括建设密闭和与火星极端温度绝缘的栖息地，产生氧气和水以及生产食物的系统。栖息地是圆顶形的，可以最大限度提高强度和效率，有火星土壤层或其他材料屏蔽辐射。在内部，条件类似于地球，温度、湿度和气压可控。这些火星上的栖息地之间由加压隧道连接，人们在它们之间安全移动。能源生产是个关键问题。太阳能电池板的广泛使用，利用火星清澈的大气层和充足的阳光产生巨大能源。然而，由于沙尘暴和与太阳之间的距离更加遥远，或许必须采用核反应堆等替代能源。火星城市内部和城市之间的交通依赖于电动汽车，这些电动汽车在火星低重力和稀薄的大气层中运行，也可能有另外的公共交通形式，比如，连接城市不同地区之间的加压列车网络。在火星上生活，水的提取和回收十分重要。人们必须从火星土壤或冰沉积物中提取水，以及回收和净化饮用水，农业和其他用途的先进系统必不可少。农业将在受控的室内环境中进行，使用水培或气培来高效和可持续地种植农作物。这不仅提供食物，还可以通过产生氧气和去除二氧化碳支持生命系统。在火星上，与地球的通信将是个重要问题，由于距离遥远，通信需要延迟几分钟，需要火星定居者拥有一定程度的自给自足和自主决策。

未来，"人类太空计划将完全过渡为一个太空产业，不是由税收支持，而是由旅游业和人们梦想在太空中做的任何其他事情支持"[1]。随着时间推移，火星城市会更加自给自足，减少对地球供应的依赖。他们将发展自己的产业，利用火星资源建造建筑物、制造商品，甚至为返回地球的旅行生产燃料。在文化上，这些城市将成为地球上各种文化的大熔炉，因为，来

1　尼尔·德格拉斯·泰森 . 星际信使：宇宙视角下的人类文明 [M]. 高爽，译 . 北京：中信出版社 .2023：57.

自不同国家的定居者带来了自己的传统和习俗。随着各种文化之间的交流交往交融，最终会产生一种独特的火星文化，这种文化是由生活在新星球上的挑战和经历所塑造的，一种新的文明形态。总之，在埃隆·马斯克的星际飞船成功之后，在火星上建造城市将是艰巨而多方面的努力，涉及太空旅行、栖息地建设、生命支持系统、能源生产、运输、农业等方面的进步。这将是人类聪明才智和探索精神的证明，必定标志着人类历史新时代的开始。"跨过这道门槛，我们就有了无限的空间资源，这使得整个人类因为资源而产生的冲突变得过时。进入宇宙不仅仅是人类探索宇宙的下一站，它可能是人类文明的最佳希望。"[1]

火星城市成功建立后，火星上人类的生活条件将代表着开拓精神、技术创新和对与地球截然不同的环境的适应和融合。居民将生活在专门设计的栖息地中，以防止辐射、极端温度和稀薄的大气层。人们的居住地可能是圆顶形的，也可能埋在地下，利用火星风化层绝缘。为了模仿类似地球的环境，这些栖息地将具有可控的气压、温度和湿度。在某些地区可能会使用人工重力抵消火星低重力对健康的长期影响。鉴于空间的溢价，个人生活区域可能会很紧凑，配备多功能家具和电器，旨在提高效率和节省空间。许多居民将参与科学研究、各种建设、殖民地维护或农业生产。与地球连接的远程工作也是必需的。由于空间狭小，虚拟现实会是一种流行娱乐形式。体育锻炼对在低重力下保持健康至关重要，应该配备专业设备的健身房。社交活动和公共区域是心理健康和保持共同体意识的关键，将包括公共用餐区、娱乐中心，甚至可能是圆顶下的小公园。大多数粮食将在水培农场种植，使用高效、无土的作物种植方法。转基因植物可以被设计成在火星条件下茁壮成长。火星上的饮食将以素食为主，包括绿叶蔬菜、西红柿和豆类等，偶尔也会吃实验室培育的肉类或鱼类。紧凑、设备齐全

1　尼尔·德格拉斯·泰森. 星际信使：宇宙视角下的人类文明 [M]. 高爽，译. 北京：中信出版社. 2023：90-91.

的医疗中心可处理日常健康需求和紧急情况。对于非紧急问题，与地球医生的远程医疗咨询会很常见。除了生活在屏蔽的栖息地外，居民在外出时需要穿防护服，并遵循严格的规程，以尽量减少辐射暴露。生活在密闭的陌生环境中的心理挑战将通过共同体支持系统、咨询服务以及可能的基于虚拟现实的治疗解决。火星居民区的儿童教育将会是面对面和虚拟学习的混合，重点强调科学、技术、工程和数学（STEM）。火星将在地质学、天体生物学和大气科学等领域提供无与伦比的研究机会，为人类知识作出重大贡献。火星城市将建立自己的治理体系，法律法规针对火星生活的独特挑战量身定制。尽管存在潜在的自治权，但火星居民区也会与地球保持密切联系，至少在早期阶段，将依赖地球提供补给、指导和政策决策。火星上的运输将主要在栖息地内步行。在火星内，高速通信网络将实现火星定居点内的实时通信。火星城市的生活将以先进的技术、适应性和强烈的共同体意识为特征，所有这些都是由在外星的环境中茁壮成长的必要性所驱动，将标志着人类历史上的重要里程碑，不仅代表着生存，而且代表着人类在另一个星球上的繁荣。

　　埃隆·马斯克的愿景是将人类变成星际物种，而不仅仅是地球物种，这个探索具有多么重要的意义。地球的资源和生态系统受到了日益严重的压力和威胁。星际探索可以帮助分担地球上的人口和资源压力，减轻环境负担，保护地球的生态平衡。地球面临各种潜在的灾难，如自然灾害、大规模疾病、气候变化等。星际探索提供了在地球不再适宜居住时的备份计划，有助于确保人类的生存。太空探索需要创新的科学和技术解决方案。这些技术创新可能会带来各种领域的进步，如能源、材料科学、医疗保健等。埃隆·马斯克的愿景激发了人们对未知的好奇心，推动了科学研究和教育的发展。它鼓励人们追求梦想，挑战现有的技术和知识界限。太空探索通常需要国际合作，有助于促进不同国家之间的和平与合作。共同探索太空有望促进国际关系的改善。埃隆·马斯克的 SpaceX 等私营企业的成功表明，私营企业可以在太空领域发挥重要作用。这推动了商业和市场在太空产业中的发展。虽然星际探索面临着巨大的技术、资源和挑战，但它代表了人类前进的愿景和雄心，有助于解决地球上的重大问题，并为未来的世代提供更广阔的发展空间。不过，同时也需要处理伦理、法律和资源分配等复杂问题，以确保太空探索的可持续性和和平性。人类变成星际物种的愿景虽然激动人心，但也可能引发一些潜在的挑战和冲突。如果人类在宇宙中定居，可能会与其他星际物种争夺有限的资源，如行星上的水、矿产和生物资源。这可能导致竞争和冲突。宇宙中的其他物种可能具有不同的文化、价值观和社会结构。文化差异可能导致误解和摩擦，甚至可能引发冲突。人类在外太空的活动可能对其他星际生态系统产生影响。引入外来生物或污染物质可能对宇宙中的其他生物产生负面影响，引发生态危机。不同物种之间的通讯可能会受到技术、语言或文化障碍的影响，导致误解和冲突。在宇宙中生存可能需要建立自卫和防御机制，以应对潜在的威胁。这可能引发军备竞赛和紧张局势。尽管存在这些潜在挑战，但星际探索和与其他星际物种的接触也会带来许多机会，如科学合作、文化交流和资源共享。因此，解决潜在的冲突和挑战需要建立国际法律和政策框架，以确保和平共存、可持续发展和合作。同时，强调伦理、尊重和合作精神也是关键，以便人类与其他星际物种能够和谐共存。

民族国家是数百年前工业革命和人类社会大转型时期出现的一种国家组织形式，也随之产生了一种理论对其进行解释。每一个时代的国际关系、国家形态既源于历史和环境，也源于那个时代的产业形态和技术创新。难道不可以说，20世纪中叶的硅芯片技术发展定义了20世纪后期乃至当代的世界格局和国家关系吗？至少目前人们看到的世界格局中，硅芯片的确扮演了举足轻重角色。人工智能的下一波浪潮将会是人类与人工智能进行对话的浪潮，这将成为主要的控制机制。个人人工智能更接近于个人助理，它会根据个体交给它的任务，在正确的时间调用正确的资源去履行自己的职责。它具有通用性的元素，但它的设计并不是以通用性作为首要原则和主要的设计目标。一般说来，专业的人工智能或垂直大模型可能更安全，尽管并不能完全确保安全性。相比之下，更通用的人工智能更有可能表现出自主性，但其安全性可能相对较低。15—20 年后，可以想象非国家实体会变得非常强大。其中一些团体都有意愿和动机造成严重伤害。因此，如果引发和进行冲突的门槛迅速降低，那么国家将面临一个严峻问题，即如何继续保护国界的完整性和国家的正常运作。如果越来越少的人能够行使类似国家的权力，那确实是一个即将到来的风险。

虚拟世界、数字经济和在线社交等趋势可能导致信息和人流的自由流动，从而挑战传统国界的概念。人工智能技术的发展需要国际合作和知识共享。国际科学家和工程师合作解决全球性问题，可能会强化国家之间的联系。人工智能也可能带来新的安全挑战。虽然合作是一方面，但也有可能出现对抗和竞争，特别是在军事和网络安全领域。有一种观点认为，尽管科技发展迅猛，但民族国家仍然具有重要的政治和文化意义。国家仍然是权力、法律和政府的基本单位。

人工智能技术的应用引发了一系列伦理和治理问题，如隐私、数据安全、决策透明性等。解决这些问题需要国家和国际社会的协作。"事实上，它（AI）根本不需要知道任何关于种姓的定义，它只需要从大数据中学习。你住在哪个共同体，做什么工作，赚多少钱，开什么车，平常吃什么，在网上喜欢看什么——所有这些都会通过算法把你和一个更大群体联系起来，即使你并不认同这种身份。"[1] 这就是说，AI 凭借自己的数据和算法，在自己的认知系统中就会划分现实世界的群体、共同体，它借助于自己的划分和认同，按照模型设计者的预期介入碳基人类的现实生活，形成硅基人类与碳基人类之间的交互。

人工智能可能会影响文化和身份认同。尽管信息可以跨越国界传播，

<hr>

1　李开复，陈楸帆. 未来进行时 [M]. 杭州：浙江人民出版社，2022：16.

但文化和民族认同仍然是许多人生活的核心。总的来说，人工智能技术的发展确实在改变着国际关系和国界的概念，但并不一定导致民族国家的完全消失。国家在全球事务中仍然扮演重要角色，但可能需要适应新的技术和全球化趋势，以更好地应对新的挑战和机遇。未来，国际社会将需要密切合作，共同解决涉及人工智能的伦理、法律和政治问题。

太空星舰穿梭于地球和火星之间，往来于不同的星体之间，硅基人类协助碳基人类在浩瀚无际的太空中寻找定居点，开发居住区，扩展生存和发展空间，消除环境破坏、生态恶化、核战争等危害人类的风险，不同文化、语言、信仰在多模态大模型开发基础上把不同的碳基人类与硅基人类联系起来，共同构建和谐、幸福的星际共同体，开创星际文明。

结语：一部在探险中书写的文明史诗

从围坐在篝火旁边的山洞中的社群开始，人类活动的空间不断扩大，**技术像工具一样，在编织着人们之间的网络，个体与个体之间、个体与群体之间、群体与群体之间、国家与国家之间，地球与国际空间站之间，等等。**人类发展是一幅探索、创新和变革的壮丽画卷。从最早的部落社会到现代全球化社会，再到人类对太空的探索，人类文明的发展经历了多个重要阶段。而随着人类开始进入太空并有望成为星际物种，这个画卷将继续展开，呈现出一系列前所未有星际文明、星际共同体的趋势。人类一直渴望探索未知世界和未知领域。进入太空和成为星际物种预示了这一渴望：寻求探索其他星球、星系和宇宙的奥秘。太空探索需要科学发现和技术创新。这已经并将继续推动科学和技术进步，涵盖了物理学、天体物理学、生命科学、航天工程、生命科学、材料科学、人工智能等多个领域。"依靠 AI 技术，能够避免'外部不经济'的发生，事实证明，这有利于经济发展，亦具备投资价值。"[1]由于太空探索涉及巨大的挑战和成本，国际合作对于太空技术的发展至关重要。虽然埃隆·马斯克的 SpaceX 公司在这一领域做出了重大贡献，但由于多种原因，还是要突出国际合作的重要性，太空探索需要大量资源和专业知识。通过合作，各国可以汇集资源，共享知识，加快进步。太空任务，尤其是像火星探索这样雄心勃勃的任务，涉及巨大的成本。国

1　丸幸弘，尾原和启.深层技术：开拓世界未来的"沉睡着的技术"[M].潘春艳，译.北京：东方出版社，2023：68.

际合作使各国能够分担财政负担，使任务在经济上更加可行。太空探索具有一系列可以预见和不可以预见的风险。通过合作，多个合作伙伴共同分担风险，减少潜在失败的影响。太空探索往往要应对全球性挑战，例如了解气候变化或监测自然灾害。通过国际合作，可以共同应对这些挑战。不同国家拥有独特的技能和技术，通过合作，各国可以利用彼此的优势，弥补能力差距。国际空间站（ISS）是一个典范，它是一个由多个国家和空间机构参与的合作项目，它展示了国际空间合作的益处。它一直是科学研究与和平合作的平台。完全依赖如埃隆·马斯克一家的火箭技术会产生一些问题。第一，垄断和依赖。完全依赖一家公司，即使是 SpaceX 这样的创新公司，也会造成潜在的垄断和对关键太空技术单一来源的依赖，可能导致漏洞和灵活性降低。第二，资源限制。即使 SpaceX 这样拥有巨大资源的公司，在财务能力、劳动力和基础设施方面仍有局限性。仅仅依靠一个实体会限制太空探索的规模和范围。第三，国家利益与合作。不同国家在太空探索方面有着独特的利益和优先事项。国际合作允许采用一种更具包容性的方法，考虑各国的不同目标。第四，监管和伦理。太空活动涉及复杂的监管和道德考量。合作为建立共同标准和道德准则提供了平台。第五，政治稳定。政治稳定是长期太空探索项目的关键因素。依赖一家公司或一个国家会引发政治变化对太空项目连续性影响的担忧。总之，通过合作，可以共享资源、降低风险，并以更广阔的视角在探索和利用太空的过程中造福全人类。进入太空需要考虑资源的可持续利用和太空生态系统的保护，2023 年 9 月，埃隆·马斯克的星舰计划遭到环保组织的质疑，美国航天局不得不责成 SpaceX 公司针对问题进行改进。"虽然各种技术和知识在不断进步，但地球环境已然无法承受。"[1] 面对生态环境压力，埃隆·马斯克正在探索星际移民尤其值得考虑，在星际，人类将需要制定规范和政策，

1　丸幸弘，尾原和启 . 深层技术：开拓世界未来的"沉睡着的技术"[M]. 潘春艳，译 . 北京：东方出版社，2023：67.

确保太空环境的可持续性。太空探索将塑造人类的文化、社会和新的文明形态。人类，各个国家、族群需要重新审视自己的地球文化和身份，并探索新的价值观和认同。太空探索涉及许多伦理和道德问题，如太空资源分配、外星生命的处理等。人类需要积极探讨和解决这些问题。人类的发展画卷是一个不断扩展和发展的史诗，太空探索和成为星际人类是其中的新篇章。这一发展将面临许多挑战，但也带来了无限的机遇，将继续激发人类的创造力和探索精神。重要的是，人类需要以可持续和和平的方式探索宇宙，以确保未来的世代能够继续叙写这幅发展画卷。

　　从共同体理论的角度看，人类从家庭到星际太空的发展经历了重要的变化，这些变化具有多重意义。家庭是最小的共同体单位，社区、城市和国家乃至太空是更大的共同体。在这些共同体中，人们建立了紧密的亲情和社交关系，共同承担家庭和共同体的责任。这种共同体提供了安全感、支持和归属感。随着城市化和国家形成，人类开始居住在更大的社会共同体中。城市和国家为人们提供了更广泛的机会，如教育、工作和文化活动。国家也提供了法律和治理框架，确保社会秩序和公共利益。进入太空时，人类将面临全新的共同体挑战和机遇。在太空探索中，人类在星际之间形成了紧密的工作和生活共同体，必须依赖彼此生存。这也提出了伦理、法律和资源共享问题。

　　这些变化的意义重大，人类从家庭、共同体到太空，共同体的规模和性质发生了变化，这影响了个体与社群之间的互动和依赖关系，也让人们更加理解和尊重不同的社群和文化。随着社群规模的扩大，资源的分配和社会秩序的管理变得更加复杂。国家和太空社群需要制定规则和政策，以确保公平、可持续和和平的共存。共同体的存在鼓励人们团结合作、共同解决问题和实现共同目标，这有助于提高社会的稳定性和可持续性。随着共同体的不断扩展，人类面临文化多样性的挑战。保护和尊重不同文化的权利和价值观变得至关重要，以确保多元社会的和谐。

总之，从共同体理论的角度看，人类的发展经历了从家庭、共同体到国家和星辰大海的变化，这些变化塑造了社会、文化和政治的演进。这也提醒我们，在面对新的共同体挑战时，需要保护个体权利和尊重不同社群的文化特点，以实现更加包容和可持续的未来。面对星辰大海，可能迫使我们比过去更多地思考生命的意义和文化多元性，而把目光投向更加遥远的宇宙和未来，人类只是地球飞船上的基因共同体之一。

在技术快速进步的环境中想象未来的共同体，特别是随着人工智能的进步，我们需要考虑生活的各个方面，包括社会互动、就业、治理、基础设施和道德考虑。人工智能驱动的智能家居技术无处不在，提供个性化生活体验，提高舒适度、安全性和能源效率。虚拟现实（VR）和增强现实（AR）技术实现身临其境的社交体验，让人们在虚拟空间中互动，就像他们面对面在一起一样。医疗保健中的人工智能意味着家庭中的预测性健康监测、远程医疗和个性化医疗建议，从而使人更长寿、更健康地生活。许多常规工作可能会自动化，导致可用工作类型的转变，重点是创意、技术和关怀专业。

设想一个由人工智能（AI）快速发展塑造的未来共同体，需要想象日常生活、基础设施、社会动态和治理等各个方面的变化。这个共同体的特点是高度自动化、数据驱动的决策和个性化服务，同时也面临着新的挑战和道德考虑。

一方面，人工智能带来了多方面的进步，人工智能算法适应每个学生的学习风格和节奏。虚拟教室可以促进全球互动和学习。增强的虚拟和增强的现实技术使远程社交互动更加身临其境，有可能减少对实体旅行的需求。人工智能工具分析共同体反馈，以协助地方治理和共同体规划，从而提供更具响应性和量身定制的公共服务。日常任务的自动化，导致工作角色向创造性、技术和人际交往能力的转变。人工智能还可以创造新的产业和就业机会。由于自动化引起的部分工作岗位流失，以及财富分配方式的改变，全民基本收入的实施可能是一种未来的选择。人工智能优化水电等资源利用，为环保生活作出贡献。智能城市规划有效地融入了绿色空间。数据驱动的政策制定，人工智能分析大型数据集，为城市规划、环境管理和公共卫生战略的决策提供信息。另一方面，对于人工智能的潜在风险必须高度关注，先进的网络安全措施，可抵御新形式的人工智能威胁。制定强有力的隐私保护措施和道德准则，以保护个人数据免遭滥用。确保以合乎道德的方式使用人工智能的法规，特别是在医疗保健和金融领域的监控、执法和决策等敏感领域。人工智能工具提供心理健康支持，包括早期发现心理健康问题和可访问的治疗方案。预测性医疗保健模式，以预防疾病暴发和促进健康的生活方式。

　　未来人工智能的挑战与适应，需要确保技术使用与保持基本人类技能和互动之间的平衡。解决技术获取方面的差距，防止社会和经济不平等加剧。个性化的媒体和娱乐体验，人工智能根据个人喜好策划内容。"抑或是我们要从今天开始，共同塑造我们的 AI 未来，以期实现单凭人类或 AI 无法实现，而人类与 AI 结合却可以完成的目标，达到最高的成就？这个选择权掌握在我们手中，而且很有可能在未来不到 10 年的时间里就需要做出决定。我认为正确的选择是显而易见的，但作为一个社会整体，我们需要有意识地去做出这个选择。"[1] 总之，由快速人工智能发展驱动的未来共同体有望提高效率、个性化体验和提高生活质量。然而，它还需要仔细应对与就业、道德、隐私和确保公平获取技术相关的挑战。平衡这些要素将是实现和谐与繁荣的人工智能融合社会的关键。

　　想象中的更为久远的未来或许这样：人类发明了超光速推进系统，发现了操纵时空的方法，先进的星际飞船载着人类在宇宙中旅行，在合理的时间范围内漫游星辰大海。技术的突破为星际探索和星际殖民打开了大门。

1　彼得·李，凯丽·戈德伯格，伊萨克·科恩. 超越想象的 GPT 医疗 [M]. 芦义，译. 杭州：浙江科学技术出版社，2023：270.

人类（包括硅基人类）利用极其高效和极其清洁的能源，如先进的聚变或物质—反物质反应堆，为星际飞船提供不竭的、长距离飞行动力。星际飞船配备高度先进的自我维修维护系统，最大限度地减少长途旅行中的麻烦。高度发达的人工智能开发了能够用高技能解决问题、做出决策和机器学习的通用人工智能系统。这些人工智能协助星际飞船导航，驾驭星际飞船，开展科学研究。人工智能达到了自我意识水平，讨论并解决了硅基人类在社会中的权利和责任等复杂伦理和哲学问题，这将是未来新文明的诞生。在星际开拓方面，这种新文明在整个银河系的众多宜居星球上建立殖民地，星球与星球之间由先进通信网络连接，由星际飞船舰队提供交通运输；这种新文明绘制了银河系的星球图像，对恒星、行星和天体现象编目。星际数据驱动方法助力确定适合殖民的星球；这种文明积极寻找外星生命迹象，与遇到的潜在智能物种合作开展科学研究和文明交流；这种文明与其他星际文明建立密切关系，促进知识、文化、技术交流。由于星际旅行和殖民化，文明多样化拓展到了星际之间，多种文化、语言和信仰共存，采用先进资源管理技术确保宇宙发展的可持续性，尽量减少殖民星球带来的环境影响和冲突问题。面向未来，挑战和问题并存，在星际政治方面，管理与其他星际文明的关系，解决冲突或分歧成为重大挑战；在资源稀缺性方面，尽管技术创新取得巨大进步，银河系的资源稀缺仍然是个问题，必须不断探索新资源和可持续使用方法。拥有先进星际飞船和高度发达人工智能的星际文明将成为人类（或后人类）历史上的非凡壮举。

人们期待埃隆·马斯克星舰发射的成功和对火星殖民梦想的实现。面向未来的共同体，对哲学社会科学提出了新要求、新任务。要求哲学社会科学在充分了解当代科学技术发展及其未来趋势基础上重新构建适应未来社会发展的理论和方法。面对碳基生物和硅基生物的协同发展，哲学社会科学工作者必须坚守人文精神，探索和构建碳基人类与硅基人类协同发展的共同体和星际共同体的理论。硅基生物的即将出现激发人类重新思考碳基生命的发生和发展；星球殖民激发人们重新审视地球上的人类在宇宙中的位置，以及人类的价值；人工智能替代人类的体力劳动和部分脑力劳动，激发人们重新审视现有的社会保障制度和收入分配制度，等等。毫无疑问，哲学社会科学即将迎来一场深刻的、革命性的变革。这将是一个新型文明的诞生和巨大的思想创造。"文明就是这样衰落的，因为他们放弃了冒险。当他们放弃了冒险事业，文明的动脉就会硬化。每年，真刀实枪的实干家越来越少，动动嘴皮子吹哨的裁判员却越来越多。"[1]事实上，文明是这样创造的：在冒险精神驱动下，人类离开洞穴，探索广袤的地球和宇宙上的不同角落，在这个过程中，人与人之间、族群之间、国家之间、人与自然之间和谐相处，发展自己，完善自己，共同谱写探险、生存、发展、和谐、友善、美好的文明史诗。

138亿年前，宇宙在一个奇点上开始膨胀，形成目前的星辰大海。"一切都应该诞生于100亿到200亿年前，始于一个极小又十分奇异的点——一个原初的原子。"[2]数百万年前，最早的智人出现在非洲大陆，之后开始向地球各处迁徙，形成了目前千姿百态的人类文明。难道自然界与人类社会的演化遵循着某些相似的规律？

---

1 沃尔特·艾萨克森.埃隆·马斯克传 [M].孙思远，刘家琦，译.北京：中信出版社，2023：583.

2 奎多·托内利.时间 [M].王烈，译.石家庄：河北科学技术出版社，2023：58.

后　记

　　这本书始于我最近几年对社会理论和社会治理问题的一些思考，也始于我重读《乡土中国》一书，担任十三届政协委员期间的读书活动，以及一个时期以来对人工智能最新进展的关注，尤其是对萨姆·奥尔特曼的 AI 的一系列发现和推进、埃隆·马斯克星舰发射实验的遐想。那是 2019 年冬天，群言出版社的同志到办公室洽谈，委托我对费孝通先生的《乡土中国》作一导读。随后的一个寒假，我仔细阅读了费孝通先生的《乡土中国》一书，虽然在 20 世纪 80 年代末 90 年代初撰写博士论文时我曾仔细阅读该书并写下了读书摘要，但再一次阅读，我对乡土中国的治理结构、社会结构、人际关系、文化价值、社会变迁等内容有了更加深刻的理解。2020 年初，十三届政协创新参政议政方式，成立了各种各样的读书群，时任中共中央政治局常委、全国政协主席的汪洋同志以身示范，带领委员们读书，其中一个话题是"关于中华民族的起源问题"，还有一个话题是"铸牢中华民族共同体意识"。这两个话题都启发我学习和认识人类的起源和人类共同体的发生与发展。在这之后，我更加关注地球的起源、地球上的生命起源与演化，以及人类的出现及其进化。现代科学研究、技术进步已经完全不同于 18、19 世纪的自然科学和技术创新，人们对达尔文的进化论也是放在一个更大历史视野和科学发现中认知。至于 18、19 世纪出现的民族国家的这一现象也因技术进步在发生变化。在这个意义上，世界百年未有之大变局已经不仅仅是国与国之间的关系变化，更是技术进步对现有社会结构、文化价值、社会科学方式的变革，以及人类未来的重塑。我们有幸作为观察者和参与者生活在这样一个科学技术大变革和产业大革命时代。但是我们必须面向现实生活，"学术科研本身是令人兴奋的，但是，在没有最基本的反思、没有对人性善恶或世界万物的结构和起源进行理性思考的世界里，科研就毫无意义。如果文学、哲学、数学或自然的本质与普通人的利益或人们的日常生活中理解世界的方式根本没有任何关系，那么更高层次的学习研究就毫无意义"[1]。

这个时期以来，我也读了一些有计算机专业背景的专家学者写的关于数字技术与未来发展的书籍，甚至包括科幻小说之类的读物，总的感觉，自然科学、技术与社会科学、社会政策之间还是有一定的距离。所以，我感觉有必要从哲学、人文社会科学的视角探索，甚至是幻想和预知未来数字技术发展的趋势和人类的未来社会构架。当然，我知道这不是一件容易的事情，因为，未来已来，但未来的科学和社会的不确定性实在是超出人们的想象，科学发展、技术创新也不是人类可以准确预见的。2023年年初出现的人工智能ChatGPT，到2024年底时已经几次迭代，数据、模型、算力瞬息万变。

马克思曾经说过，人是一切社会关系的总和，而在社会关系中，生产关系是最基本的关系。马克思所讲的社会关系总和，通常发生在现实社会生活和工作中，人们在生产活动、社会生活中形成的各种关系。在互联网出现前，通常人们是通过面对面交流，后来有书信、电话、电报等，实现这种社会关系。而互联网时代则不一样了，人们的生产关系、社会关系，甚至商业模式可以通过虚拟空间建立起来。雇员可以不与平台工作人员面对面，但可以发生生产关系，平台可以不与客户见面，也可以发生组织商业活动，依然可以组织生产，这就造成了现实生活中的个体身居共同体，

1　泽娜·希茨.有思想的生活：智识生活如何刺痹我们的内在世界 [M].吴万伟，译.北京：中信出版社，2023：226.

但又超越现实共同体，在现实和虚拟中形成相互联系。这是新时代的新变化。"让我们提醒自己，人类事业的范围是多么宽广，也请记住任何人只要肯花费时间思考，就可以达到思想的深度。"[1]

这几年，我比较关注互联网的发展，看到了平台经济在人们日常生活、生产中的作用，特别是互联网游戏在人们生活中的广泛使用，引起的技术变革，对人们生活产生深刻的影响，以及由于平台经济兴起，作为移动终端的个体在社会结构中的作用和地位发生了深刻的变化。2020 年至 2022 年底，新冠疫情期间，共同体服务、共同体治理与网络服务、网络治理有机结合，在抗击疫情中发挥了重要作用，也促使我思考现实空间与虚拟空间之间的关系。现实的居住小区与虚拟的网络空间之间似乎越来越成为一个整体，虚实结合，把人们在一张网上编织起来。不管人们是否承认，基层社会的的确确发生了深刻变化，形成了实体社会与虚拟社会相结合的社会形态。

理论必须对现实发生的变化做出解释，政策必须有新的办法和新的治理思路，这也是国家治理体系和治理能力现代化的重要内容。《中共中央国务院关于加强基层治理体系和治理能力现代化建设的意见》要求加强基层智慧治理能力建设，健全基层智慧治理标准体系，推广智能感知等技术，推进村（共同体）数据资源建设，实行村（共同体）数据综合采集，实现一次采集、多方利用，提高基层治理数字化的智能化水平，提升政策宣传、民情沟通、便民服务的效能。所以，学术研究必须与时俱进，不断探索新时期的基层治理之道。这一系列的变化让我重新思考：在互联网日趋发展的环境下，基层建设和基层治理进入新的、高质量的发展时期，虚拟空间与现实空间的有机结合所形成的社会结构、基层结构到底发生了哪些变化？形成了哪些特点？需要哪些理论来解释？原有的理论能不能解释？如

1　泽娜·希茨.有思想的生活：智识生活如何刺痒我们的内在世界 [M].吴万伟,译.北京：中信出版社，2023：227.

果不能解释，是不是需要进行理论创新？这都是这一个时期以来我一直思考的问题，我断断续续地把这些思考写下来了。

在此我要感谢清华大学出版社的编辑陈健老师为此做出的辛勤付出，正是得到清华大学出版社和陈健老师的鼎力支持和大力帮助，本书才能顺利出版。我还要感谢我的太太江汛清女士、女儿丁潇潇女士，她们在一些问题上与我进行讨论，甚至争论，启发了我对一些问题进行深度思考，才有了本书的问世。

丁元竹

2024 年 5 月 29 日